TOUTES LES FEMMES SONT EN GUERRE CONTRE LA NOURRITURE

L'alimentation intuitive, une approche anti-régime pour ne plus être obsédée par la nourriture

Première édition

Elyane C.

Toutes les femmes sont en guerre contre la nourriture
L'alimentation intuitive, une approche anti-régime pour ne plus être obsédée par la nourriture

Copyright Elyane C., 2018

ISBN 9781792095382

Dépôt légal : décembre 2018

Ce livre a été écrit à titre informatif. Il ne saurait remplacer les conseils d'un professionnel de santé. L'auteur rejette toute responsabilité liée directement ou indirectement à l'utilisation des informations contenues dans ce livre. Un professionnel de santé devrait être consulté en fonction de votre situation médicale. Toute mention de produit dans ce livre n'implique pas l'approbation de ce produit par l'auteur.

Tout droits réservés. Aucune partie de ce livre ne peut être utilisée ou reproduite d'aucune manière sans la permission écrite de l'auteur, à l'exception d'une brève citation dans un article ou une revue.

Introduction à l'alimentation intuitive

L'histoire de l'alimentation intuitive

Tu sais d'où vient l'alimentation intuitive ?

C'est l'histoire de deux diététiciennes américaines.
Un jour, elles se rendent compte que, malgré le poids perdu les premiers mois, quasiment tous leurs patients reviennent les voir après 1 ou 2 ans, en disant toujours la même chose.

« Je suis désolé, je n'ai pas suivi le plan, j'ai tout repris. J'ai craqué, je n'ai aucune volonté, j'aimerais recommencer »

Face à autant d'échecs, et malgré des plans alimentaires personnalisés, ces deux diététiciennes ont commencé à se poser une question :

« et si les régimes ne marchaient pas ? »

Des études existaient déjà à ce sujet. Alors elles ont parcouru toute la littérature existante et l'ont confronté avec les expériences de leurs patients.

Et elles en ont conclu que :

- les régimes ne marchent pas.
- les régimes font grossir.
- les régimes provoquent des troubles alimentaires

Mais alors, que faire ?

Faire la paix avec la nourriture.

En 1995, Evelyn Tribole et Elise Resch ont créé l'alimentation intuitive.
Une approche basée sur des recherches et des essais cliniques qui marchent pour faire la paix avec la nourriture.

Note : pour la petite histoire, je me suis formée à l'alimentation intuitive grâce à la certification créée par ces deux diététiciennes géniales.

Les 10 principes de l'alimentation intuitive

1. REJETER LA MENTALITÉ DES RÉGIMES

Le premier pas vers une alimentation intuitive, est de rejeter toute forme de régime et contrôle de l'alimentation. Le but est de changer d'état d'esprit. De ne plus être dans une logique de perte de poids (régime), mais dans une logique d'amélioration de son comportement avec la nourriture. Faire la paix avec la nourriture est le seul objectif de l'alimentation intuitive.

2. HONORER SA FAIM

Manger quand on a faim paraît évident, pourtant il n'est pas rare qu'on essaie d'ignorer notre sensation de faim quand on veut perdre du poids.
Attention, ici on ne veut surtout pas dire « manger que quand on a faim ». Ça reviendrait à imposer une règle de contrôle, tout l'inverse de l'alimentation intuitive qui n'impose aucune règle.

3. LA PERMISSION INCONDITIONNELLE DE MANGER

Quand on veut perdre du poids, on s'interdit souvent certains aliments gras ou sucrés. Ou alors, on limite leur consommation. « Pas le soir », « pas plus de deux », « pas entre les repas », etc. Pour évoluer vers une alimentation intuitive, on va apprendre à s'autoriser tous les aliments, sans condition.

4. COMBATTRE LA POLICE DE LA NOURRITURE

La police de la nourriture, c'est toutes les règles qui donnent une morale à la nourriture. Certains aliments seraient « bons » d'autres « mauvais ». Certains seraient « sains », d'autres « malsains ». Il est important de combattre toutes ces règles de diabolisation des aliments et de la nourriture en général. La nourriture est là pour nous apporter de l'énergie, oui. Mais aussi du plaisir.

5. OBSERVER SA SATIÉTÉ

Quand on a l'habitude de suivre des régimes et des règles, on ne sait plus reconnaître ni écouter notre sensation de
« satiété ». Dans notre voyage vers une alimentation intuitive, on va porter notre attention sur cette sensation, et essayer de la retrouver petit à petit.
Attention, ici on ne veut pas dire « s'arrêter de manger à tout prix quand on n'a plus faim ». Encore une fois, ça reviendrait à

imposer une règle de contrôle, tout l'inverse de l'alimentation intuitive.

6. DÉCOUVRIR LA SATISFACTION

Un mangeur intuitif recherche inconsciemment la satisfaction à chaque repas. La satisfaction c'est un mélange entre l'énergie, le plaisir et la sensation de satiété. Il est normal de chercher parfois plus le plaisir, ou parfois plus l'énergie. L'idée est d'observer notre satisfaction après les repas quand on y pense, et d'essayer d'être de plus en plus satisfait de nos repas.

7. HONORER SES ÉMOTIONS SANS LA NOURRITURE

Tout le monde a des émotions. Mais quand on a un rapport compliqué avec la nourriture, on a tendance à se jeter dessus pour apaiser nos émotions. Quand on a fait la paix avec la nourriture, on y voit généralement plus clair dans nos émotions. On se sent ensuite capable de les observer, de vivre avec, et petit à petit d'introduire des nouveaux mécanismes d'apaisement de ces émotions.

8. RESPECTER SON CORPS TEL QU'IL EST AUJOURD'HUI

Notre corps est tel qu'il est, et il mérite du respect dès aujourd'hui. Pas demain. Pas « si je maigris ». Mais aujourd'hui. L'idée est de neutraliser les pensées négatives sur notre corps, et se rendre compte que notre corps n'est pas qu'une enveloppe. En parallèle, on va développer nos valeurs, notre personne et ce qui fait que nous sommes nous. Se détacher de l'idée que notre corps nous représente en tant que personne.

9. FAIRE DU SPORT POUR LE PLAISIR

Le sport sert avant tout à prendre du plaisir. À se vider l'esprit, se sentir bien dans son corps et être en meilleure santé. Peu importe notre poids et notre forme, on a le droit de se faire du bien avec le sport.
Le sport est trop souvent utilisé comme un mécanisme de compensation de la nourriture qu'on mange. Ici, on va changer d'état d'esprit, faire du sport pour prendre du plaisir, et pas « parce qu'on a trop mangé ».

10. HONORER SA SANTÉ

Il est vrai que les aliments qu'on mange influent aussi sur notre santé. Après avoir fait la paix avec la nourriture, on est prêt à s'intéresser aux principes de nutrition. Pas pour en faire un outil de contrôle de notre poids, mais vraiment pour prendre soin de notre santé globale.
Il n'est pas question de diaboliser des aliments, mais de prendre des décisions alimentaires en connaissant les apports des différents aliments, tout en restant autonome et flexible dans nos choix.

Oui, l'alimentation intuitive est faite pour toi

Le seul et unique objectif de l'alimentation intuitive, c'est de faire la paix avec la nourriture.

Si tu as lu des choses sur l'alimentation en pleine conscience ou même l'alimentation intuitive. Tu as surement trouvé ça trop théorique.

Tu t'es dit : « *euh, ok c'est cool. Mais moi je fais quoi ?* ».

D'abord, je voulais te dire que : oui, l'alimentation intuitive est faite pour toi.

Oui, toi.

Si tu te reconnais dans au moins l'une de ces phrases, tu es au bon endroit :

- je mange mes émotions
- je suis accro au sucre
- j'ai des fringales compulsives
- je suis très très très gourmande
- j'ai de l'hyperphagie / boulimie
- je mange pour me remplir, de manière incontrôlable
- je suis légèrement obsédée par la nourriture
- j'ai un rapport compliqué avec la nourriture

C'est vrai que l'alimentation intuitive est parfois trop théorique.

Du coup on ne sait pas comment l'appliquer dans notre vie de tous les jours et on finit par se dire :

« ça ne marche pas pour moi ».

Alors qu'en réalité, c'est <u>parce qu'on ne comprend pas</u> comment l'appliquer concrètement qu'on se dit : *« ça ne marche pas pour moi »*.

Comment je le sais ?

Parce que j'ai fait cette erreur moi aussi.
Deux fois.

J'ai abandonné deux fois l'alimentation intuitive.
Avant de comprendre qu'en fait, c'était <u>la seule et unique solution</u> à ma relation conflictuelle avec la nourriture.

Et les deux fois, j'ai abandonné pour la même raison.
Je n'avais pas compris.

Alors je me disais : *« ça ne marche pas pour moi »*.

Et quand j'ai compris comment appliquer l'alimentation intuitive concrètement, j'ai enfin fait la paix avec la nourriture, définitivement.

Voila pourquoi je n'ai pas écrit un livre théorique sur l'alimentation intuitive. Mais plutôt un guide avec des exemples concrets et des conseils applicables.

Pour t'éviter de faire les mêmes erreurs que moi et que tu tombes dans le piège du : « *ça ne marche pas pour moi* ».

Ça marche pour toi.

Parce que l'alimentation intuitive est pour tout le monde.

Ma 1ère erreur

Quand j'ai découvert l'alimentation intuitive pour la première fois. J'avais compris que je ne devais plus rien m'interdire. Alors, je ne me suis plus rien interdit.

Chocolat, pizzas, burgers.
Je mangeais de tout.

Et pendant des semaines, j'avais encore et toujours envie de ces mêmes aliments, sans que mes envies ne se diversifient.

Je pensais qu'à un moment, j'allais avoir envie de salade… Mais non. Alors j'ai paniqué et abandonné.

Mais en réalité même si je mangeais de tout, dans ma tête j'avais encore des phrases du genre :

- « *bon demain, je mange sain* »
- « *olala qu'est ce que je fais, c'est mal* »
- « *je suis vraiment nulle je mange du chocolat* »

Alors oui, je mangeais de tout.
Mais je <u>culpabilisais</u> avant, pendant et après manger.

Mon cerveau n'avait même pas le temps de sentir le « plaisir de manger » car ce plaisir était immédiatement remplacé par la culpabilité.

On le verra plus tard.
Mais tant que tu culpabilises, tu es au régime.

Ton corps mange, mais ton cerveau est au régime.
Et donc, même si tu as l'impression de ne rien t'interdire, en réalité tu t'interdis « mentalement » beaucoup d'aliments.

Ma 2ème erreur

Plus tard, j'ai re-tenté l'alimentation intuitive.
Cette fois-ci j'avais compris qu'il fallait :

- que je mange que quand j'avais faim,
- que je m'arrête quand je n'avais plus faim.
- que je « mange en pleine conscience »

Les premiers jours, ça marchait bien.
Puis… la première crise est arrivée.

Dans ces moments-là, et tu sais de quoi je parle, Impossible de m'empêcher de manger. Impossible de « pleine consciencer », et impossible de m'arrêter de manger.

La satiété, à ce moment-là, c'était le cadet de mes soucis.

Là encore, je me suis dit : *« ça n'est pas pour moi, car moi je mange de manière incontrôlable »*.

Plus tard, j'ai compris que « écouter son corps et faire de la pleine conscience » ne sert à rien face à des aliments qui font trop peur.

Il faut d'abord dé-diaboliser les aliments, en commençant par les aliments qui font le moins peur. Et y aller petit à petit.

On va voir comment faire tout ça ensemble dans ce livre 😊

Ces deux erreurs m'ont coûté cher.
8 années de ma vie environ.
8 années à penser à la nourriture matin, midi et soir.

Le but de ce livre ?
Te faire économiser 8 années de ta vie.

Tu vas voir tout au long du voyage qu'il y aura des pièges comme ceux-là à éviter. Au risque de passer totalement à coté des principes de l'alimentation intuitive.

Et de se dire une fois de plus : « *ça ne marche pas pour moi* ».

Mais pas de panique, je vais t'alerter dès qu'un risque va pointer le bout de son nez. Comme je viens de le faire en te racontant mes deux erreurs.

Ton double maléfique te joue des tours

En fait, ces pièges sont tendus par ce que j'appelle ton « double maléfique ».

Tu sais, cette deuxième personne qui prend le contrôle et mange de manière incontrôlable ?

C'est ce double maléfique qui essaie de t'induire en erreur par ses mensonges.

Dans mon cas par exemple.
Bien que je mangeais tout ce que je voulais.
Je me disais des phrases du genre : « *c'est mal, j'aurais pas dû* ».

Et mon double maléfique me disait : « *tu vois, tu manges de tout et tu n'y arrives pas. Arrête l'alimentation intuitive, ça n'est pas pour toi* ».

Ton double fera <u>tout</u> pour que tu abandonnes l'alimentation intuitive. Et tu sais pourquoi il fait ça ?

Parce qu'il vit de ta relation compliquée avec la nourriture.

Si tu fais la paix avec la nourriture, ton double va disparaître.
Et lui, il ne veut pas disparaître.
Alors il te raconte des mensonges.

À chaque fois que tu seras bloquée.
Que tu vas douter.
Et te dire que « *ça ne marche pas pour moi* ».

Souviens-toi que c'est ton double maléfique qui te ment.
Et prend le temps de trouver la vérité pour avancer.

Alimentation intuitive ou déprogrammation alimentaire

En réalité, l'alimentation intuitive aurait pu s'appeler « déprogrammation alimentaire ».

Parce qu'on va passer la moitié du temps à effacer toutes tes fausses croyances sur l'alimentation et le corps, qui polluent ton esprit aujourd'hui.

On va abandonner la « mentalité des régimes ».

L'alimentation intuitive n'est pas une méthode à suivre.
C'est un changement d'état d'esprit.

Tu vas changer d'état d'esprit, pour toujours.
Tu vas apprendre à penser différemment.

Tu vas faire la paix avec la nourriture et ton corps.
Ton obsession pour la nourriture va disparaître.

Petit à petit.

Rejeter la mentalité des régimes

Désordre ou trouble alimentaire ?

Certaines personnes ne se reconnaissent pas dans la définition de « trouble alimentaire ».

Parce que les pulsions sont très rares voir inexistantes par exemple.

Certaines filles font des crises claires, qui peuvent être qualifiées d'hyperphagie.

D'autres ne font pas de crises mais mangent beaucoup pendant les repas. D'autres encore sont « juste » obsédées par la nourriture, elles y pensent tout le temps, mais ne mangent pas forcément trop.

Que tu aies un désordre ou un trouble alimentaire.
Une relation compliquée avec la nourriture ou une obsession.
L'alimentation intuitive est de toute façon faite pour toi.

Pour des questions de simplicité, dans la suite du livre je vais utiliser le mot « trouble » pour regrouper tout désordre alimentaire.

Qu'il aille du simple désordre à la boulimie.

Par contre, je ne vais pas aborder l'anorexie.
C'est important de le préciser, car c'est un trouble qui est trop différent de l'hyperphagie / boulimie.

La plupart des principes de l'alimentation intuitive peuvent aussi aider les personnes anorexiques, mais certaines choses qui sont vraies pour l'hyperphagie ne le sont pas forcément pour l'anorexie par exemple.

La plupart des troubles n'ont PAS une origine psychologique

Quand on a un trouble alimentaire, on se dit :

« c'est un problème psychologique, ça doit être quelque chose de très profond lié à mon enfance, un événement traumatisant… »

Mais dans la plupart des cas, c'est simplement faux.
Un trouble psychologique n'est pas forcément causé par un évènement (traumatisant ou pas).

Prenons l'exemple du « burn out ».
Une personne qui travaille beaucoup, avec beaucoup de pression et de stress. Peut faire un « burn out ».

Une situation très stressante suffit à développer un trouble dit « psychologique ».

La plupart des troubles alimentaires ont la même origine : une volonté de modifier son corps en contrôlant son alimentation.

D'après les études, les régimes sont la cause la plus commune du développement d'un trouble alimentaire.

Pas la génétique, pas la psychologie, pas les émotions.
Les régimes.

Pourtant, la plupart des filles cherchent du côté de la psychologie et des émotions.

Et si on se dit qu'on a un trouble psychologique, c'est à cause des symptômes des pulsions alimentaires :

- sentiment de vide inexplicable.
- envie de manger incontrôlable.
…

On se dit : « ça va pas bien là-dedans »
Et c'est normal de se dire ça.

J'ai moi-même passé des années à fouiller dans mon passé pour comprendre ce qui avait bien pu déclencher ce trouble.

La réponse est simple : rien.

Voilà pourquoi je conseille à toutes les filles de ne pas s'intéresser à la psychologie, ni aux émotions, pour l'instant.

On va d'abord s'intéresser à la relation avec la nourriture et le corps.
Et plus tard, aborder la psychologie et les émotions.

Pour la simple et bonne raison qu'une fois que la relation à la nourriture et au corps sera soignée, on y verra plus clair (s'il y a quelque chose à voir).

Alors commençons par le plus « simple ».

La plupart des troubles alimentaires naissent de l'addition de ces 3 facteurs :

Trouble = volonté de modifier son corps + contrôle de son alimentation + échec répété du contrôle de l'alimentation.

Note : toutes les études dont je parle sont citées à la fin du livre.

Pour information, les autres facteurs de risque de développement d'un trouble alimentaires sont : génétiques, biologiques, traumatiques, psychologiques et socioculturels.

Pourquoi les régimes ne marchent pas ?

D'abord, il est important de comprendre que les régimes ne marchent pas. Contrôler son alimentation est impossible.

Et ça, pour trois raisons scientifiques.

RAISON N°1 : LE RALENTISSEMENT DU MÉTABOLISME (OU MODE FAMINE)

Quand on mange moins, le corps se met en « mode famine ». En gros, le métabolisme ralentit pour consommer moins d'énergie et être sûr de survivre.

Eh oui, toi tu le sais qu'il y a un Monoprix en bas de chez toi et que tu peux manger quand tu veux. Mais ton corps lui, il ne voit que la privation.

Si tu manges moins, ton corps s'imagine que c'est la famine. Il ne se dit pas que c'est pour modifier ton apparence.

Son réflexe pour te faire survivre ?

Stocker plus et dépenser moins.

Résultat, tu ne maigris plus, même en consommant moins de calories.

Et dès que tu remanges un peu plus, tu reprends le poids perdu rapidement. Car ton corps ne sort pas du mode famine en un jour.

Il continue de stocker et de dépenser très peu pendant un petit moment, au cas où.

~~RAISON N°2~~ : LES PULSIONS (OU ENVIES PRESSANTES DE MANGER)

Quand il est en mode « famine ». Ton corps produit aussi plus d'hormones liées à la faim (ghrelin et neuropeptide Y).

Ces hormones augmentent l'appétit et l'effet de « récompense » quand tu manges.

Tout ceci est naturel et démontré dans des études scientifiques.
Ton corps est bien fait : il est pensé pour **survivre**.

Voilà pourquoi c'est impossible de ne pas craquer.

Ton corps fait tout pour que tu manges. Et quand tu finis par manger, tu avais tellement envie que tu manges beaucoup et rapidement.

En fait ces crises, ça veut simplement dire que ton corps fonctionne. Qu'il veut survivre.

~~RAISON N°3~~ : L'OBSESSION ALIMENTAIRE

Quand tu te prives de certains aliments, <u>ou que tu limites leur quantité.</u>

Tu mets une attention particulière sur ces aliments.

Résultat, ton cerveau devient obsédé par ces aliments.
Tu ne vas plus penser qu'à ça, jusqu'à ce que finalement tu les manges pour soulager cette obsession.

Une étude a été menée sur deux groupes de personnes.

- au premier groupe, on demande de ne <u>pas</u> penser à un ours blanc.

- au deuxième groupe, on leur dit de penser à un ours blanc

Quand on leur demande de répondre à des questions (qui n'ont rien à voir avec un ours blanc), les gens du premier groupe ne peuvent <u>pas</u> s'empêcher de parler de cet ours blanc. Contrairement aux personnes du deuxième groupe.

C'est le fonctionnement <u>normal</u> du cerveau.

Quand on te dit de ne pas le faire…
Tu ne peux pas t'empêcher de le faire.

Et cette fonction du cerveau devait être très utile au temps des hommes préhistoriques.

Imagine un homme préhistorique qui n'a pas assez à manger. D'un coup, son cerveau se met « en mode obsession » pour le pousser à tout faire pour trouver de la nourriture. Au lieu d'avoir la flemme et de dormir, et peut-être se laisser mourir de faim.

Pratique nan ? 😄

Tu connais la première mission de ton cerveau ?
Te garder en vie. Et il est très doué pour ça.

Essayer d'aller contre le fonctionnement naturel du cerveau ou du corps est toujours voué à l'échec.

Pourquoi certaines filles y arrivent ?

Alors.
Il y a trois types de filles qui arrivent à perdre du poids.

FILLE N°1 : LA FILLE AU RÉGIME QUI N'A PAS ENCORE REPRIS LE POIDS PERDU

Oui, c'est possible de se priver, et de perdre du poids <u>sur le court terme.</u>

Tu as peut-être déjà réussi d'ailleurs.
Mais, combien de temps ça dure ?

Les études montrent que l'écrasante majorité des gens reprennent le poids perdu dans les 1 à 3 ans. Souvent, on emporte même avec soi des kilos bonus en plus (quand je dis que les régimes font grossir…).

FILLE N°2 : LA FILLE QUI COMPENSE À L'EXTRÊME

Ces filles font 2h de sport, 5 jours / 7.
Ou se privent énormément.
Certaines font des crises d'hyperphagie ou de boulimie.

Autrement dit, un rythme intenable sur le long terme.

Si certaines filles arrivent à garder leur poids, mais se font vomir tous les soirs… tu ne le sauras jamais.

Et toi tu te dis : « *olala comment elles font* »
La vérité n'est pas très glamour.

FILLE N°3 : LA MANGEUSE INTUITIVE

C'est le seul type de fille qui garde un poids stable durablement et sans effort. Elles s'appellent les mangeurs intuitifs.

Ces filles là n'ont aucun problème avec la nourriture.
Elles ne sont pas en conflit. Elles laissent leur corps choisir.

Elles sont capable de s'arrêter de manger quand elles n'ont plus faim, même si c'est du chocolat 😊

C'est cette fille que tu veux devenir.
Et ce livre est là pour t'aider.

Les mangeuses intuitives ne font pas de régime.
Elles ne se privent pas. Elles sont capable d'écouter leur corps. Car elles ne sont pas (ou plus) en guerre avec la nourriture.

Et le seul moyen de devenir cette fille là (de le re-devenir en fait, parce que tout le monde né « mangeur intuitif »), c'est de faire la paix avec la nourriture.

Et pas de faire un n-ième régime.

Pourquoi même les professionnels de la santé croient aux régimes ?

« Mais alors, pourquoi certains professionnels de santé continuent de penser que les régimes fonctionnent ? »

- Sur un mois, si quelqu'un mange moins, il perd du poids. S'il mange plus, il prend du poids. Donc on a l'impression que les régimes marchent, ça paraît logique, car le résultat est visible.

- Mais sur un an, quelqu'un qui mange moins reprend quasi-systématiquement ses kilos. Les études faites sur des longues périodes 1-3 ans montrent que l'écrasante majorité des gens reprennent tous leurs kilos, et parfois plus.

Les régimes ne marchent pas.
Contrôler son alimentation est <u>impossible</u>.

Les régimes donnent des troubles alimentaires

Maintenant que tu as bien compris pourquoi les régimes sont impossibles, ne font pas maigrir et font même grossir dans certains cas.

Je vais te montrer comment ils créent en plus des troubles alimentaires de type hyperphagie et boulimie.

À force de régimes en tout genre, tu as perdu puis repris du poids. Tu as fait le « yoyo ».

En phase de perte, tu étais contente.
Puis en phase <u>inévitable</u> de reprise, ton estime de toi a dégringolé.

Ces montagnes russes de la perte de poids ont laissé des traces sur ton mental.

Déjà, rien qu'en suivant toutes ces règles alimentaires qui vont dans tous les sens et se contredisent. Il y a de quoi devenir folle.

- pas de gras. Ah si en fait le gras c'est très bon

- pas de sucre. Ah mais ne le bannissez pas totalement, il faut se faire plaisir de temps en temps.
- il faut jeûner pour maigrir. Non jeûner c'est mal.
- il faut manger que des protéines. Non manger trop de protéines c'est dangereux.

À force, tu es perdue.
Tu ne sais plus qui croire.

Toutes ces règles créent un stress énorme.

Ensuite.
Quand tu « craques » <u>inévitablement</u> pendant un régime <u>impossible</u>.

Qu'est ce que tu te dis ?
« je suis nulle, je n'ai aucune volonté ».

Car tu penses naïvement que c'est de ta faute.

Mais ça c'était avant.
Car maintenant, tu sais que les régimes sont <u>impossible</u>.

Donc, tu sais que ça n'est <u>pas de ta faute</u> si tu n'arrives pas à faire quelque chose qui, par définition, est impossible.

Voilà comment commencent la plupart des troubles alimentaires.

Les régimes créent une obsession pour la nourriture, et une mauvaise estime de soi.

Les régimes ne font pas maigrir.
Les régimes font grossir.
Les régimes provoquent des troubles alimentaires.

Et je ne te demande pas de me croire sur parole.
De nombreuses études scientifiques le montrent.

Mais moi je ne suis pas au régime

Je parle beaucoup de « régimes » et peut-être que tu te dis :

« mais moi je ne suis pas concernée, je n'ai jamais fait de régime (ou je ne fais plus de régime). Je ne me prive pas et donc je pense que mon trouble vient d'ailleurs ».

Alerte au double maléfique.

Quand je dis « régime », en réalité je parle de « culture de régime ».

Et je vais te dire tout ce que ça englobe.

Parce que même si tu n'as pas l'impression d'être au régime. Je suis prête à parier que tu baignes tous les jours dans « la culture des régimes ».

Et pour ton cerveau, ça revient au même.
Une privation physique ou mentale, est une privation.

La « culture des régimes » c'est toutes les actions et pensées qui visent à contrôler ton alimentation pour une raison esthétique.

Tu as peut-être entendu parler de « restrictions cognitives » ou de « régimes cachés ».

Dans l'alimentation intuitive, on parle aussi de « police de la nourriture ». Et tu vas comprendre pourquoi.

A priori, la police est là pour te protéger, pour protéger les citoyens. Mais parfois, la police n'a pas ce rôle.

Dans certains pays au contraire, la police fait régner la terreur. Dans une dictature par exemple, la police est là pour faire régner l'ordre.

Avec des règles injustes comme :

- pas le droit de sortir après telle heure
- pas le droit de critiquer le pouvoir en place
- pas le droit d'acheter ce qu'on veut

Dans une dictature, la police prive les citoyens de leur liberté.

Et aujourd'hui, on peut dire qu'on vit dans une <u>dictature de l'alimentation.</u>

On nous dit quoi manger, quand manger, qu'est ce qui est bon ou pas, etc.

La police de la nourriture, c'est toutes ces règles qu'on lit partout.
A la télé, sur internet, dans les journaux. Partout.

- le sucre fait grossir
- le gras c'est mal
- stop les féculents le soir
- …

La raison pour laquelle la plupart des gens n'ont pas l'impression de « contrôler » leur alimentation, c'est parce que les règles de cette police de la nourriture sont devenues « la norme ».

Voilà pourquoi il est parfois difficile de les détecter, et de s'en défaire. Et pourtant, c'est essentiel de combattre la police de la nourriture pour sortir des troubles alimentaires. Car cette police raconte tout et n'importe quoi.

Tu vas voir.

La police de la nourriture te dit par exemple qu'il faut manger que pendant les repas. Et ne surtout pas « grignoter ».

Ça ne ressemble pas à un régime n'est-ce pas ?

Mais c'est bien une règle de contrôle de ton alimentation.
Si tu as faim à 10h ? Que faire ?
Manger et enfreindre la loi ? Oui.

La police de la nourriture nous dit aussi qu'on peut manger de tout, mais qu'il faut faire attention aux quantités avec certains aliments (le fameux rééquilibrage alimentaire).

La diabolisation des aliments

Dit comme ça, ça paraît innocent.
Mais, souviens-toi comment marche le cerveau. Si on focalise l'attention sur un aliment, on devient obsédé par cet aliment.

Ça s'appelle la diabolisation des aliments.

La police de la nourriture dit quel aliment est bon (et illimité), comme la salade et le chou. Et quel aliment est mauvais (à contrôler).

La police de la nourriture associe une morale à la nourriture.

En associant une morale aux aliments, la police de la nourriture t'envoie un message fort : *« si je te vois trainer avec du chocolat, tu es coupable »*.

Manger du chocolat devient un crime.
On culpabilise de manger du chocolat.
On a l'impression de faire quelque chose de mal.

Remettons les choses à leur place.

Est-ce que tu as volé ce chocolat ?
Est-ce que tu as volé de l'argent pour t'acheter du chocolat ?

Non.
Alors tu n'as aucune raison de te sentir coupable de manger du chocolat.
Aucune.

L'attention sur le chocolat est si forte que notre cerveau ne peut pas s'empêcher d'y penser jour et nuit.

Et de toute façon.

Est-ce que le fait de diaboliser certains aliments comme le chocolat ou le sucre te fait du bien ?

Est-ce que ça te fait en manger moins ?
Clairement, non.

L'effet est même inverse.

Car ce chocolat t'obsède plus qu'autre chose.
C'est un mécanisme <u>naturel</u> du cerveau.
On ne peut pas se battre contre la nature.

Si tu fais des crises d'hyperphagie, tu sais que tu es capable d'engloutir trois tablettes de chocolat d'affilée.

Pas vraiment le résultat attendu par la police de la nourriture pas vrai ?

Alors.

Est-ce que toi aussi tu es dans la culture des régimes ?
Ou est-ce que vraiment tu n'obéis à aucune règle de contrôle ou de privation ?

Est-ce qu'il t'arrive de culpabiliser quand tu manges ?

Est-ce que tu fais un lien direct entre ce que tu manges et ton apparence physique ?

Il est important d'être honnête avec soi-même pour se rendre compte si oui ou non on baigne dans la culture des régimes.

Et pour éviter d'aller chercher la cause de notre trouble alimentaire ailleurs. Alors qu'il est clairement lié à un contrôle de l'alimentation, même inconscient.

La santé

« oui mais quand même, manger trop de sucre c'est mauvais pour la santé »

Pour se couvrir, la police de la nourriture nous sort le joker ultime. Elle nous dit que toutes ces lois sont faites pour notre santé.

C'est l'argument imparable.
C'est pour notre bien.

Tu es privée de ta liberté, mais c'est pour ton bien.

La police de la nourriture connaît notre complexe avec notre corps. Elle sait très bien qu'en réalité on fait tout ça pour maigrir, pour contrôler notre apparence physique.

La police de la nourriture joue sur notre faiblesse pour nous manipuler.

Mais OK.
Parlons de santé.

L'organisation mondiale de la santé (OMS) définit la santé selon trois axes.

La santé <u>physique</u>, <u>mentale</u> et <u>sociale</u>.

« La santé est un état de complet bien-être physique, mental et social, et ne consiste pas seulement en une absence de maladie ou d'infirmité »

La police de la nourriture, en essayant de préserver notre « santé physique ». Met en danger notre « santé mentale » et notre « santé sociale ».

Les troubles alimentaires relèvent de la santé mentale.

Si la police de la nourriture s'inquiète autant pour notre santé. Pourquoi elle se fout royalement de nous filer des troubles alimentaires ?

Où est la police quand on est seule face à nos trois tablettes de chocolat et qu'on <u>ne peut pas</u> s'empêcher de manger car le trouble nous rend incontrôlable ?

Là, y'a plus personne.
On nous dit : *« vous êtes folle, allez voir un psy »*.

Mais…
Mais.

C'est vous qui m'avez rendu « folle ».

La police de la nourriture se fout de notre santé.
La santé lui sert juste d'excuse « socialement acceptable » pour nous empêcher de manger.

Mais la police de la nourriture ne recule devant rien.
Et trouvera toujours une excuse pour nous oppresser.

Et la dernière trouvaille à la mode est <u>« l'addiction au sucre »</u>.

L'addiction au sucre n'existe pas

La police de la nourriture, qui ne s'intéresse pas aux troubles alimentaires, a décidé que nous étions « accro au sucre ».

D'ailleurs, tu as peut-être l'impression d'avoir un « comportement addictif » face au sucre ou au chocolat ?

Je ne remets pas en cause ce que tu ressens, et qui est bien réel. (j'avais exactement la même sensation avant de guérir de l'hyperphagie).

Le problème, c'est que la police de la nourriture veut te faire croire que le sucre est une drogue. Et que tu devrais arrêter totalement le sucre.

Mais.

Si le chocolat t'obsède.
Est-ce que ça ne serait pas plutôt parce qu'il est l'aliment le plus interdit et diabolisé du monde ?
L'ennemi public numéro 1.

Est-ce que ça ne serait pas cette diabolisation qui attire inévitablement l'attention de ton cerveau ?

Et bien, c'est exactement ce que disent les dernières études scientifiques sur « l'addiction au sucre ».

« Lorsqu'on dé-diabolise le sucre, et qu'on le réintroduit au lieu de l'interdire, la sensation de dépendance diminue »

Exactement l'effet inverse d'une drogue.

Si tu augmentes ta consommation de cigarettes, tu ne vas pas être moins accro.

Ce seul argument suffit à dire que non, le sucre n'est pas une drogue. Et que non l'addiction au sucre n'existe pas.

« oui mais d'autres scientifiques ont fait des études sur des rats qui préfèrent le sucre à la cocaïne »

1. ces rats étaient privés de nourriture avant le test. Les rats qui ont eu un accès normal à la nourriture avant le test n'ont PAS eu de comportement addictif. Les rats ont donc réagi à la privation, et non au sucre.
2. qui préfère la cocaïne à la nourriture ? C'est plutôt rassurant qu'ils aient choisi la nourriture nan ?
3. ces rats sont... des rats. Ils ne réagissent pas EXACTEMENT comme les humains

Pour finir sur le sucre.

La dernière étude, sur le sujet conclut que :

« les études qui montrent l'addiction au sucre ne sont pas convaincantes, et que ce qu'on appelle « addiction au sucre » n'est rien d'autre que de l'hyperphagie / boulimie ».

Autrement dit : l'addiction au sucre n'existe pas.
On parle d'hyperphagie et de boulimie.

Si tu as l'impression d'être accro au sucre.
Tu es peut-être tout simplement hyperphage, ou obsédée par la nourriture.

Et faire une « detox au sucre » ne va pas t'aider.
Bien au contraire. Ce qui t'a entrainé dans les désordres alimentaires, ne va pas t'aider à en sortir.

Il ne sert à rien d'interdire et de diaboliser un aliment.

Et soyons honnêtes avec nous-même.

Est-ce qu'on fait vraiment tout ça pour notre santé ?
Ou est ce qu'au fond de nous, on a toujours ce désir de maigrir ?

Prends le temps d'y réfléchir quelques minutes : si le sucre n'avait aucun impact sur ton poids. Est-ce que tu t'inquièterais autant de ta consommation de sucre ?

Les pulsions ne sont PAS le problème

Si tu as des pulsions alimentaires, que tu fais des « crises », ton réflexe est de chercher la solution pour stopper ces crises.

Tu te demandes comment résister ?
Comment ne plus craquer ?

Mais tu sais quoi ?
Les crises ne sont pas le problème.

Tu te trompes d'ennemi.

Les crises ne sont que le résultat, la conséquence, la partie visible de l'iceberg.

Le vrai problème se trouve sous l'eau.
Le problème, c'est le contrôle de ton alimentation.

C'est le contrôle qui provoque les crises.

Contrôle → crise.

S'attaquer aux crises ne sert à rien.

Il faut attaquer le problème à la racine.
Et la racine, c'est le contrôle.

Tant que tu contrôleras ton alimentation, tu auras des crises.
Tant que ~~tu ne lâcheras pas totalement prise~~, tu auras des crises.

Il ne sert à rien de s'attaquer aux crises, il faut s'attaquer à ce qui provoque les crises.

Donc, laisse les crises de coté pour l'instant.
C'est normal et même attendu que tu en aies encore.

Tu as des crises depuis des années, elles ne vont pas disparaître du jour au lendemain. Et tu n'es plus à quelques semaines près ? 😊

Quoi faire du coup ?

« OK c'est bien gentil tout ça. Mais si je ne me contrôle pas, je fais quoi ? »

À ce stade, il est normal que tu te poses des questions.
Voire même que tu sois un peu perdue.

Tu as l'impression que si tu abandonnes la culture des régimes. Tu ne sauras pas quoi, quand et combien manger.

Tu te dis peut-être même :

- *« mais moi je suis incontrôlable. J'ai des pulsions alimentaires, alors je dois me contrôler ».*

- ou *« mais si je ne me contrôle pas, je suis cap de manger des pizzas à chaque repas ».*

Si tu as des pulsions alimentaires, c'est justement parce que tu t'es contrôlée pendant toutes ces années. Encore une fois, ça n'est pas ce qui t'a rendu hyperphage, qui va te sortir de l'hyperphagie.

Mais alors, que faire concrètement ?

1. Écouter sa faim ET ses envies

On va commencer par « honorer » ta faim et tes envies.

Honorer sa faim ça veut dire : si tu as faim, tu manges.
Et honorer ses envies, ça veut dire : si tu as envie, tu manges.

Tu as vu le piège ?
Pas question de ne manger que quand tu as faim.

Parce que tu dois aussi honorer tes envies.
Si tu te dis : « *je n'ai pas faim, mais j'ai quand même envie de manger* ».

Tu fais quoi ?

Tu manges.
Bien joué 😊

C'est ça écouter son corps.
C'est honorer sa faim **et** ses envies.

2. Dé-diaboliser la nourriture

En parallèle, on va commencer à dé-diaboliser la nourriture.

Les aliments qui te font peur. Ceux que tu ne manges pas, que tu manges en limitant la quantité, ou que tu ne gardes pas chez toi par exemple.

Et on va commencer par les aliments <u>qui te font le moins peur.</u> C'est important d'y aller petit à petit.

Le but est d'avoir des expériences positives avec l'alimentation. Pas de se faire des grosses frayeurs, au risque de se dire : « *l'alimentation intuitive ça ne marche pas sur moi* ».

Tu vas sortir de ta zone de confort, petit à petit.

3. Et la satiété dans tout ça ?

Est-ce que je dois m'arrêter quand j'ai plus faim ?

Tu peux essayer, par curiosité.
Mais ça n'est pas grave du tout si tu n'entends pas encore ta satiété. Ou si tu n'arrives pas à l'écouter.

Je vais t'expliquer pourquoi.

La satiété vient plus tard en général.
Parce que tant que tu as peur d'un aliment, tu ne pourras pas écouter ta satiété.

Tant que tu n'es pas <u>sûre</u> de pouvoir remanger cet aliment un jour (ou bientôt), tu veux en profiter au max.

C'est complètement naturel.

C'est à force de dé-diaboliser et de réintégrer tes aliments interdits dans ton quotidien qu'il sera de plus en plus facile d'entendre ta satiété.

Alors pas de panique si tu es toujours incontrôlable face au chocolat 😁

Ça va venir petit à petit.

Plus un aliment te fait peur, plus il te rend incontrôlable.
Il faut d'abord t'habituer doucement à cet aliment.
Le dé-diaboliser, le ré-introduire doucement, pour le remettre à sa place d'aliment. Le redescendre de son piédestal.

Ça va venir très naturellement, alors pas de pression.
L'alimentation parfaite n'existe pas.

Parfois tu vas manger sans faim, et c'est ok.
Parfois tu vas manger plus que ta faim, et c'est ok.

L'idée ici c'est d'être <u>un observateur</u>, pas un juge.
Observe ce qu'il se passe dans ta tête et ton corps, <u>avec bienveillance.</u>

Observe ton comportement et tes sensations.
Observer le <u>plaisir</u> que ça te donne et <u>l'énergie</u> que ça t'apporte de manger.

4. La satisfaction

<u>Satisfaction</u> = Plaisir + Energie

La satisfaction est le concept <u>le plus important</u> de l'alimentation intuitive.

La satisfaction , c'est l'addition du plaisir et de l'énergie.
Le rôle de la nourriture est de te faire plaisir et de te donner de l'énergie.

Plus tu fais la paix avec la nourriture, plus tu dé-diabolises les aliments un à un. Plus ton corps va naturellement chercher la satisfaction, par lui même, sans que tu ne lui imposes rien.

Voilà pourquoi, quand tu sauras écouter ton corps, tu ne vas pas manger des pizzas tous les jours.

Si aujourd'hui tu as envie de pizza tous les jours, c'est parce que les pizzas sont « interdites » dans ta tête. D'où l'importance de dé-diaboliser les aliments.

Ton corps, quand il ne sera plus pollué par la culture des régimes. Va naturellement te demander des aliments très variés.

Parce qu'il sera à la recherche de la satisfaction.

Tu as peut-être déjà ressenti ça.
Après plusieurs crises d'affilée, parfois tu as juste envie d'une bonne salade.

Après tes repas, essaie d'observer ta satisfaction.
Quand tu y penses. Sans pression.

Attention : rejeter la mentalité des régimes ne veut pas dire « se rebeller » et manger que des aliments gras et sucrés.

Parce que ça voudrait dire qu'on « réagit » à des règles.
Qu'on agit « contre » des règles.

On ne veut pas agir « contre »
Ici, on veut juste agir « pour » nous-même.

On veut dé-diaboliser tous les aliments. Les mettre au même niveau. Pour que notre corps soit libre de choisir ce qu'il veut pour être satisfait.

Et tu peux faire confiance à ton corps.

Lorsqu'il n'est influencé par aucune règle externe, il cherche <u>naturellement</u> la satisfaction. Un mélange de plaisir et d'énergie.

À terme, ton corps va chercher à manger équilibré, sans que tu aies besoin de te prendre la tête.

Faire la paix avec son corps

Maintenant, on va parler du corps.
Pour deux raisons.

1. La plupart du temps, si tu contrôles ton alimentation c'est parce que tu veux modifier ton corps. Soit tu veux maigrir, soit tu as peur de grossir.

2. Arrêter de contrôler ton alimentation et ré-introduire des aliments que tu ne mangeais plus pourrait te faire grossir à court terme.

Tu es toujours là ?

Je sais… ça fait peur.
C'est normal.

Mais faire la paix avec ton corps est <u>une étape obligatoire.</u>

Tu te souviens pourquoi tu as commencé ce voyage ?
Pour sortir définitivement des pulsions alimentaires et faire la paix avec la nourriture <u>pour toujours.</u>

Crois-moi.
Ça vaut le coup.

Si tu ne fais pas la paix avec ton corps. Tes choix alimentaires seront toujours dictés par ton envie de maigrir / de ne pas grossir.

Alors je vais t'aider à faire la paix avec ton corps.

Si tu te dis que c'est impossible pour toi de t'accepter comme tu es. Si tu te dis que « s'accepter c'est abandonner ».

Voici ma réponse :

Quelle autre solution s'offre à toi ?

On a vu que les régimes font grossir sur le long terme, et qu'ils t'enferment dans les troubles alimentaires.

Je ne sais pas si tu vas prendre ou perdre du poids avec l'alimentation intuitive. En réalité, je m'en fiche complètement.

Et je crois que dans un futur proche, tu t'en ficheras aussi 😊

Tout part du corps

Si tu pouvais manger tout ce que tu veux quand tu veux, sans grossir. Si la nourriture que tu mangeais n'avait aucun impact sur ton apparence.

Est-ce que tu te prendrais autant la tête à contrôler ton alimentation ?

La plupart des conflits et troubles alimentaires partent de là. Une envie de contrôler son corps, et donc son alimentation.

Toutes les femmes veulent être mince.
Mais d'où vient notre obsession pour le corps mince, fit, tonique ?

Tu te dis peut-être : *« moi je veux être mince pour moi, je trouve ça plus joli »*.

Réfléchissons un peu.
Dans une société qui…

- fabrique de jolis vêtements pensés pour les minces
- n'embauche pas les gros
- associe « gros » à « manque de volonté »
- glorifie la minceur dans tous les médias
- invisibillise le corps gros
- associe « féminité » et « minceur »
- …

…sans aucune surprise, 99% des femmes se trouvent plus jolie mince.

Comme 100% de la population se préfère riche.
Dans une société capitaliste.

Existe-t-il des gens qui préfèrent être pauvre ?
Ou des gens qui préfèrent être gros ?

Dans notre société ?

Peut-on parler de goût ?
Quand 99% des gens pensent la même chose ?
Ou faut-il parler de « dictature de la pensée » ?

Une élection présidentielle avec 99% des voix serait immédiatement remise en cause. Mais là, tranquille, on se dit : *« je veux être mince, ce sont mes goûts »*.

Hum.

Nous vivons dans une société grossophobe, où le culte de la minceur est devenu la norme.

On a tellement intégré ces messages de propagande que la société n'a même plus besoin de nous le dire. On se persuade soi-même que : *« je veux être mince pour moi, je trouve ça plus joli, ce sont mes goûts »*

Imagine.
Tu nais sur une île ou tout le monde est gros.

- où le corps gros est valorisé et signe de force et de volonté.
- où les vêtements sont créés pour les gros et ne rendent donc rien sur les minces.
- où personne ne te regarde car tu es trop mince.
- où personne ne veut t'embaucher à cause de ton poids trop maigre.

Penses tu que tu voudrais être mince « pour moi, parce que je trouve ça plus joli » ?

Attention, je ne te blâme pas.

Si tu savais pendant combien de temps j'ai moi-même dit que je voulais être mince : « *pour moi, parce que je trouve que ça me ressemble plus* »…

Et il est complètement normal de penser ça aujourd'hui, vu les efforts que fait la société pour nous endoctriner dans son culte de la minceur.

Accepter son corps, c'est impossible ?

Accepter son corps tel qu'il est, ça paraît <u>impossible</u>.
Et voici les raisons qui te poussent à penser ça.

RAISON N°1 : « ACCEPTER MON CORPS, C'EST ABANDONNER L'IDÉE D'AVOIR UN CORPS QUE J'AIME VRAIMENT »

Ça paraît tellement impossible d'accepter son corps, qu'on se dit que c'est se mentir à soi-même. Faire semblant, être hypocrite, malhonnête envers soi-même.

Si ton corps de rêve est un corps ultra mince et opposé à ta morphologie, alors oui tu vas devoir abandonner ce rêve.

Car il ne se réalisera jamais, et surement pas en contrôlant ton alimentation. D'ailleurs, tu vois bien que le contrôle de ton alimentation ne marche pas. N'est-ce pas ?

En fait, <u>accepter son corps, c'est surtout abandonner une méthode qui ne marche pas</u>. Et ça, ça n'est pas un échec, c'est du bon sens 😊

Aujourd'hui dans ta tête, il n'y a que 2 choix possibles :

1. contrôler ton alimentation (ce que tu fais actuellement)

2. ne pas contrôler ton alimentation et prendre 200 kilos

Sauf que « ne pas contrôler ton alimentation » ne veut pas dire que ton corps lui, ne va pas se contrôler tout seul comme un grand.

Souviens-toi, ton corps n'a pas envie de manger des pizzas tous les jours.

Ton corps n'a qu'une envie : manger équilibré.
Et il n'a pas besoin que tu le contrôles pour y arriver.

C'est même tout l'inverse : si tu essaies de le contrôler, alors il devient incontrôlable.

Au fur et à mesure de l'aventure, tu vas comprendre que c'est possible d'accepter ton corps tel qu'il est aujourd'hui. De lâcher prise sur ton alimentation et de faire confiance à ton corps.

Même pour toi.

Et puis de toute manière, comment tu comptes atteindre ton « corps de rêve » ? On a déjà vu que les régimes font grossir.

RAISON N°2 : « JE VEUX PAS FAIRE UN 36, JUSTE PERDRE QUELQUES KILOS »

Pas besoin d'être dans l'excès pour être obsédée par la nourriture. À vrai dire, si tu es là c'est que tu es déjà un peu obsédée nan ?

Vouloir perdre même 2-3 kilos suffit à te garder dans cette obsession.

On se dit toujours « après 3 kilos j'arrête ». Mais est-ce qu'un jour tu t'es dit : « *ça y est, j'ai enfin mon corps parfait, j'arrête* » ?

Non. Parce qu'en réalité, ça ne s'arrête jamais.
Parce qu'il y a toujours une fille plus mince que nous.

Vouloir changer ton corps t'enferme dans cet état d'esprit où le physique a beaucoup trop d'importance.

Vouloir maigrir, même un peu, ne va pas t'aider.

Et puis de toute manière, comment tu comptes perdre ces 2-3 kilos ? On a déjà vu que les régimes font grossir.

RAISON N°3 : « J'ÉTAIS PLUS MAIGRE AVANT, ALORS JE DEVRAIS REVENIR À CE POIDS »

Le corps change et évolue tout au long de la vie.

Si tu as un jour pesé 50 kilos quand tu avais 20 ans, ça ne veut pas dire que c'est le poids qui est naturellement fait pour toi aujourd'hui. Ni que tu devrais pouvoir maintenir ce corps sans aucun problème.

Souviens-toi, un jour tu as pesé 3,5kg 😄

Je plaisante, mais quand tu étais plus mince, est-ce que tu étais en bonne santé mentale, ou est-ce que tu étais déjà obsédée et dans le contrôle de ton alimentation ?

Tu étais plus jeune.
Et tu n'avais pas fait autant de régimes.

Ton corps imprime les régimes à répétition.
L'effet yoyo modifie ton poids de forme (ou « set point »).

Voilà pourquoi il est quasi impossible de connaître ton poids de forme.

D'ailleurs le seul moyen de connaître ton poids de forme, c'est d'en finir avec le contrôle et les crises. Et de voir où ton corps va, naturellement.

Et puis de toute manière, comment tu comptes retrouver ton poids le plus bas ? On a déjà vu que les régimes font grossir.

RAISON N°4 : « OUI MAIS C'EST PAS BON POUR LA SANTÉ D'ÊTRE GROS »

Ah.

Je l'attendais celui-là.
Le joker de la santé.

Déjà, il n'y a aucune preuve scientifique qui montre que les gens gros sont en plus mauvaise santé que les gens maigres.

Les médias nous terrorisent avec la santé (pour nous mettre au régime) du coup les gens ont peur de mourir dès qu'ils ont 10 kilos « en trop ».

Les études montrent qu'une personne obèse qui fait du sport et mange assez de légumes n'a PAS plus de chances de mourir qu'une personne mince qui a les mêmes habitudes.

Non le poids n'est pas signe de bonne ou mauvaise santé.
Rien n'empêche une personne obèse de faire du sport.
Rien.

D'autres études montrent même que les personnes en surpoids ont moins de chance d'avoir des maladies.

Et puis, la santé, c'est aussi <u>la santé mentale.</u>
L'obsession alimentaire et les crises d'hyperphagie ne sont pas un état de santé mentale « normal ».

Tu mérites d'avoir une relation apaisée avec la nourriture.

Tu mérites de ne plus avoir de crises.
Tu mérites d'être en bonne santé mentale.

L'argument de la santé a été créé pour ne pas perdre la face en société. C'est un argument « socialement acceptable ».

Pour ne pas avoir à dire que : « je mets ma santé mentale en danger juste pour modifier mon apparence ».

Mais soyons honnête, derrière « la santé ».
Dans 99% des cas, il y a une seule volonté : maigrir.

Et puis de toute manière, comment tu comptes maigrir « pour ta santé » ? On a déjà vu que les régimes font grossir.

Le corps gros et la santé

Je veux insister sur la santé, parce que c'est un point important.

Être gros ne veut pas dire être en mauvaise santé.
Et ça vaut aussi pour les personnes obèses.

Toutes les études sur l'obésité montrent la même chose.

« une personne obèse qui fait du sport n'a pas plus de chance de mourir ou d'avoir une maladie cardio-vasculaire, qu'une personne mince qui fait du sport ».

Le poids n'a aucun rapport avec la santé.
Aucun.

C'est la pratique du sport qui a un impact sur la santé.
Pas le poids.

Quand on voit une personne mince, on se dit : *« cette personne est en bonne santé »*.

Mais si cette personne ne fait aucun sport, en réalité, elle est en moins bonne santé qu'une personne en surpoids qui fait du sport régulièrement.

Et puis de toute façon.
Il ne sert à rien de proposer des régimes ou rééquilibrages aux personnes en surpoids. Le seul effet que ça aura, c'est de les faire grossir un peu plus.

Le culte de la minceur

La plupart d'entre nous accordons beaucoup trop d'importance à l'apparence.

Quand on n'a pas encore fait la paix avec son corps on se dit : « *c'est impossible, je n'y arriverai jamais* ».

Puis quand on y est arrivé, à faire la paix avec son corps on se dit : « *comment j'ai pu accorder autant d'importance à mon physique* ».

Aujourd'hui, ton physique représente combien de % de ta personne ? 10%, 50% ou 80 % ?

Quand je pose la question, en général on me répond entre 50% et 80%. Disons que c'est 50%.

Quand tu te présentes, tu dis quoi dans ce cas ?

« *Bonjour, moi c'est Florence, je pèse 70 kilos.
Je suis aide-soignante, et j'ai des grosses cuisses.
Je suis une personne très attachée à la famille, et mes bras pendouillent* ».

...

50%, vraiment ?
Ça fait beaucoup non ?

Mais alors, pourquoi accorde-t-on autant d'importance à notre physique ?

L'explication vient encore de la société.
Et cette propagande a un nom : le culte de la minceur.

On a toutes été élevées dans l'idée qu'une femme doit être mince pour être belle. Et belle pour être heureuse.

Belle pour réussir sa carrière.
Belle pour trouver l'amour.
Belle pour s'épanouir dans la vie.

Dans tous les médias, il n'y a qu'une seule femme qui est représentée.
La femme mince.

Films, séries, Instagram, émissions de télé, pubs, magazines...
Partout.

Une fille qui fait un 36-38.
Une fille qui ne ressemble pas à la femme « moyenne ».
Mais une fille à qui toute les femmes veulent ressembler.

Cette femme existe, mais elle ne représente que 10% des femmes environ. Pourtant, on la voit partout.

Où est la femme qui fait un 40-42 dans les médias ?
Cette femme est absente, bien qu'elle représente la majorité des femmes.

Et je ne parle même pas des femmes au-dessus... qui sont carrément INVISIBLES.

Du coup, on construit notre imaginaire autour de cette femme qui fait un 36-38. On se dit que c'est elle, la norme. Et qu'on devrait toutes être comme elle pour être heureuse.

Tout part de là.

Une société individualiste

Le corps mince est devenu synonyme de « contrôle de soi » et de « volonté ». Et la volonté est signe de <u>réussite personnelle et individuelle.</u>

« no pain, no gain ».
« si je veux, je peux ».

Cet état d'esprit est devenu le symbole de notre société individualiste.

Et quel est le meilleur moyen de véhiculer cette image si valorisée, sans même ouvrir la bouche ?
Avoir un corps mince et fit.

Dans notre société, être mince est la PREUVE qu'on a assez de volonté et de discipline pour aller au sport et manger sain.

Et donc être gros veut dire qu'on est fainéant, hors de contrôle, sans volonté.

Qui a envie de renvoyer cette image aujourd'hui ?
Personne, et c'est normal.

Mais, dans la suite du livre tu vas comprendre pourquoi ce raisonnement est <u>faux et injuste.</u>

Autrefois, le corps gros était synonyme de bonne santé, de richesse, de générosité et de partage.

Des valeurs très appréciées, auparavant (et c'est encore le cas dans certaines cultures).

Mais aujourd'hui dans notre société occidentale, la réussite personnelle est reine. La compétition, le chacun pour soi.

Pour être reconnu socialement, on veut réussir individuellement.
Montrer l'image de quelqu'un qui a le contrôle sur sa vie.

Et donc, le contrôle sur son corps.

Grossophobie et injustice

La société toute entière est grossophobe.
Et il est important de comprendre l'injustice que vivent les gens gros.

Alors qu'en réalité, c'est la société qui a rendu les gens gros, pour leur reprocher ensuite d'être gros.

Ah, tu savais pas ?

C'est la société et les médias qui ont créé « le culte de la minceur ».

À force de nous répéter qu'il faut être mince, de montrer des femmes retouchées, de mettre toute notre attention sur l'apparence avant tout.

La société a culpabilisé les gens.

Même des gens qui a la base n'étaient pas si gros que ça.
Des gens « dans la norme ».

On a poussé ces gens à faire des régimes pour leur faire perdre quelques kilos. Mais, comme on l'a vu les régimes :

- ne marchent pas
- font grossir
- provoquent des troubles alimentaires

La société a rendu les gens « malades » et gros.

Et maintenant, cette même société reproche aux gens gros, d'être gros.

On leur dit : « tu n'as qu'à maigrir, tu as juste à faire un régime, tu n'as vraiment aucune volonté, c'est de ta faute ».

Mais… Mais.
Bon sang, les régimes font grossir.
Arrêtez avec ça.

Les études qui le montrent sont vieilles de 20 ans maintenant. Pourtant, on a toujours des pubs pour régimes à la télé.

Tu vois l'ampleur de cette injustice ?
C'est insupportable.

Aujourd'hui, la plupart des gens ne savent pas que les régimes font grossir. Donc ils ne sont pas au courant de l'injustice que vivent les gens gros.

Et quand on essaie de leur expliquer.
Ils ne veulent même pas le croire.

Toi aussi, tu es grossophobe.

À force de baigner dans cette société avec ces fausses informations et cette propagande anti-gros. On devient soi-même grossophobe, sans s'en rendre compte.

Et tant qu'on est grossophobe, on ne peut pas faire la paix avec son propre corps. Parce que par définition, on n'aime pas le corps gros.

Comment aimer son corps dans ces conditions ?
Alors qu'on déteste le moindre bout de gras qui dépasse.

Voilà pourquoi il est crucial, d'abord, de comprendre l'injustice que vivent les gens gros.

En comprenant cette injustice, on arrête de se dénigrer soi, on arrête d'associer « gros » à quelque chose de négatif, et on se révolte contre <u>le vrai coupable : la société.</u>

« Non ça n'est pas à cause de ma volonté. Mais c'est à cause de la société qui m'a rendu obsédée par la nourriture et mon corps ».

Vraiment, c'est important de le comprendre.

Tu dois te rebeller contre ce culte de la minceur et cette culture des régimes. Et ne pas culpabiliser ou en vouloir à ton corps, qui est victime de ce système.

La rébellion commence par arrêter d'être grossophobe.

Tu peux demander pardon à ton corps de l'avoir accusé à tort. Et mettre toute ta colère contre la culture des régimes. Ils sont les seuls coupables dans cette affaire.

Tu n'as donc aucune raison de culpabiliser 😊

Minceur et fausse confiance en soi

Le culte de la minceur est la plus grosse arme d'oppression des femmes.

On passe notre vie à vouloir maigrir.
On y laisse tout notre temps, notre énergie, et nos pensées.

Et pendant ce temps :

- on se bat moins pour les causes des femmes
- on créé moins d'entreprises
- on grimpe moins dans les entreprises
- on fait moins de politique
- ...

Comment être à 100% de nos capacités quand la moitié du temps on pense à : « *non il faut pas que je mange, je dois être mince* » ?

Comment avoir confiance en soi quand on passe notre temps à se dire qu'on n'a aucune volonté ?

Le physique ne devrait pas prendre autant de place dans notre vie.

On a mieux à faire.

Accepter son corps ça veut dire quoi ?

Accepter son corps, ça ne veut pas dire tomber folle amoureuse de lui du jour au lendemain. Ni lui dire tous les matins je t'aime, tu es le plus beau bla bla bla...

Accepter son corps, ça veut dire :

- le respecter, lui parler avec bienveillance
- s'habituer à le regarder et à le toucher

- arrêter de tout faire peser sur ses épaules

Je veux insister sur ce dernier point.

Ton corps n'est pas responsable de tout ce qui t'arrive de négatif dans ta vie. On a tendance à se dire :

- si j'étais mince, je pourrais aller à la plage
- si j'étais mince, je pourrais mettre telle robe
- si j'étais mince, j'aurais confiance en moi
- si j'étais mince, je serais heureuse

C'est faux.
C'est la société qui veut te faire croire que tu ne peux pas faire toute ces choses.

Mais tu es libre de faire tout ce que tu veux.
A partir de… tout de suite.

Tu dois te rendre compte que ton apparence ne représente que 10% de qui tu es. Et développer tes vraies valeurs.

Quand tu te rends compte que tu n'es pas qu'un corps.
D'un coup tu relativises, et tu te dis :

« *OK mon corps n'est pas parfait, mais il ne représente que 10% de qui je suis* ».

Tu réalises qu'il te reste 90% de matière pour être géniale ?
🙂

Et ça ne veut pas dire que tu ne peux pas aimer ton physique tel qu'il est.

La reconnaissance

Ton corps n'est pas qu'une enveloppe.
Ok, il n'est pas parfait d'après les codes de la société actuelle.

Mais ça n'est pas à ton corps de changer.
C'est à la société de changer et d'abolir ses codes de beauté.

Et, tu peux commencer par changer les tiens.
Te débarrasser des codes de la société.
Et créer tes propres codes.
Parce que la beauté se trouve partout.
Sur ton corps aussi.

Et puis, tu réalises tout ce que ton corps te permet de faire ?

Il te permet de vivre ta vie comme tu l'entends.
De travailler, de voyager, de faire du sport.
Il peut donner la vie.
Il te permet de lire ces mots.

On se dit que c'est acquis.
Mais je crois que c'est important de dire merci parfois.

Merci d'être en bonne santé.
Merci de pouvoir apprécier la vie.
Merci, tout simplement.

Le poids de forme

« Est-ce que je vais maigrir avec l'alimentation intuitive ? »

C'est la question qui revient le plus.

Forcément, dans une société où toute l'attention est portée sur le corps et l'apparence, c'est normal.

Le problème avec cette question. C'est que quand on la pose, ça veut déjà dire qu'on s'intéresse à l'alimentation intuitive <u>pour les mauvaises raisons.</u>

Si tu as des troubles alimentaires aujourd'hui c'est déjà parce que tu as voulu maigrir ou modifier ton corps.

Penses-tu qu'en ayant le même objectif, tu auras des résultats différents ?

Penses-tu qu'en continuant de vouloir maigrir, tu vas réussir à sortir des troubles alimentaires ?

La réponse est <u>non</u>.
Logique, ce qui t'a rendu malade, ne va pas te guérir.

On ne guérit pas d'un poison en prenant plus de poison.
Mais en prenant un antidote 😁

Alors je veux être claire.

L'alimentation intuitive est tout sauf un régime.
C'est <u>un anti-régime.</u>

Si tu t'intéresses à l'alimentation intuitive pour maigrir.
Ça ne marchera pas.

L'objectif n'est pas de maigrir, mais d'améliorer tes comportements alimentaires.

L'objectif est de devenir une mangeuse intuitive qui ne sera plus jamais obsédée par la nourriture de sa vie.

Revenons au poids.

L'alimentation intuitive va t'emmener à ton poids de forme, à moyen terme. Ça veut dire que quand tu n'auras plus aucune pulsion alimentaire, petit à petit, tu vas atteindre le poids qui est fait pour toi aujourd'hui.

Le poids que ton corps veut faire naturellement.

On appelle ça : le poids de forme.
(ou « set point » en anglais).

Ce poids varie légèrement tout au long de l'année et de ta vie. Et c'est normal.

C'est le poids que tu vas garder, sans effort, sans privation, et sans crises. En mangeant intuitivement.

Il se peut que tu prennes quelques kilos pendant ton apprentissage de l'alimentation intuitive. Car tes crises ne vont pas disparaître du jour au lendemain, et tu vas remanger des aliments que tu t'interdisais.

Mais au bout d'un moment, ton corps va se stabiliser naturellement à ton poids de forme. Et ce poids est impossible à déterminer aujourd'hui.

Il dépend de tellement de choses.
Ton historique avec les régimes, ta vie, ta morphologie, etc.

Mais globalement, ton corps a envie d'être en bonne santé, il n'ira donc pas dans les « extrêmes ».

Il y a peu de chance pour que ton poids de forme soit 30 ou 120 kilos.

Si tu as cette impression que ton corps veut grossir à l'infini, et que tout ce dont il a envie c'est du gras et de sucre. C'est parce qu'aujourd'hui, tu le prives, tu le frustres et tu l'empêches de choisir ce qu'il veut manger.

Ça n'est pas le fonctionnement « normal » de ton corps.

Actuellement, ton corps répond à la frustration.

Quand ton corps aura retrouvé sa liberté, il n'aura plus envie de manger du gras et du sucre à l'infini.

Il aura juste envie de retrouver le poids qui lui convient.
Ton poids de forme.

Ça n'est pas ton corps qui a déclaré la guerre. Souviens-toi. Lui, il faisait son job jusqu'à ce que te prenne l'envie folle de maigrir. C'est cette envie qui a tout déréglé.

Il y a de grandes chances pour que ton poids de forme soit un poids qui te maintienne en bonne santé. Un poids qui te convienne plutôt bien.

Guérir ou maigrir, il faut choisir

Pour avancer dans ton apprentissage de l'alimentation intuitive, tu dois respecter ton corps. Ne pas faire de la perte de poids ton objectif premier.

Ton envie de guérir doit passer <u>largement</u> avant ta volonté de maigrir.
Et je vais te montrer pourquoi.

Imagine.

Il est 21h et tu viens de manger une gaufre au Nutella au dessert. Si ton corps te préoccupe, qu'est ce que tu te dis ?

« J'aurais jamais dû manger ça »
« Demain, je fais attention ».

Demain, si tu as encore envie d'une gaufre au Nutella, tu ne vas pas la manger. Tu ne vas pas écouter ton envie.

Et hop, c'est parti pour un nouveau cycle de privation.

C'est impossible de lâcher prise <u>totalement</u>, quand on accorde trop d'importance à son poids et qu'on veut le contrôler.

Impossible.

Certaines filles me disent : « *je fais l'alimentation intuitive, mais j'ai toujours des pulsions alimentaires, je ne comprends pas* ».

En réalité, elles contrôlent moins leur alimentation.
Mais elles <u>la contrôlent quand même.</u>

Elles s'autorisent à manger de tout par exemple.
Mais en quantité limitée.
#reequilibragealimentaire

Si elles ont envie de deux gaufres au Nutella elles disent :
« *mon corps ne peut pas avoir envie de deux gaufres, alors je me prive de la deuxième* ».

Ceci est une privation.
Si le corps (ou le cerveau) le demande, c'est qu'il en a envie.
Il n'y a pas de « fausse envie ».

Ces filles ne mangent pas intuitivement.

Lâcher prise, ça veut dire lâcher totalement prise.
On ne peut pas lâcher prise à moitié.
Lâcher prise, c'est 0 ou 1.

Lâcher prise c'est faire des choix alimentaires basés <u>uniquement sur ses sensations</u>, en cherchant la satisfaction : plaisir + énergie.

Et <u>plus du tout</u> en fonction de son poids.

Le seul moyen d'y arriver.
C'est de faire la paix avec ton corps.

Tu dois choisir ta priorité entre vouloir faire la paix avec la nourriture ou vouloir maigrir.

C'est une <u>décision décisive</u> dans ton chemin vers une alimentation intuitive.

Je pense que tu as bien compris le lien entre le rapport au corps et les conflits alimentaires.

Je voulais vraiment que tu comprennes <u>le coût des régimes.</u>
Le coût de cette envie de contrôler ton physique.

Parce que bien souvent on se dit que faire un régime et vouloir maigrir ça ne fait pas de mal, que ça ne coûte rien.

On prend cette décision de « faire un régime » à la légère, sans mesurer l'impact sur notre vie.

Maintenant, tu sais ce que ça coûte de vouloir contrôler ton apparence et ton alimentation. Ça coûte :

- des troubles alimentaires
- de la prise de poids
- une mauvaise estime de soi

Maintenant, tu peux prendre ta décision de manière éclairée.

Si tu décides de continuer de vouloir maigrir.
Je suis désolée, mais ce livre ne va pas t'aider plus que ça.

Je t'invite à revenir plus tard, si tu changes ta décision.
Tu pourras reprendre le livre à cet endroit ☺.

Si au contraire tu décides que ta priorité est de faire la paix avec la nourriture et redevenir une mangeuse intuitive. Que tu te sens prête à <u>essayer</u> de faire la paix avec ton corps et la nourriture.

Alors, on continue le voyage.

Le régime, un business hyper-rentable

Pourquoi on nous incite à maigrir toujours plus ?
La femme « moyenne » fait un 40-42.

Alors pourquoi on ne voit dans les médias que des femmes qui font un 36-38 ? Qui a un intérêt à faire ça ?

Le régime est un produit hyper rentable.
Entre les pilules miracles, les programmes alimentaires, les programmes sportifs, etc…

Et comme le produit ne marche pas, et que tout le monde reprend le poids perdu. Les clients reviennent à l'infini.

Le régime est un business rentable, à vie.
Qui touche des millions de personnes, partout dans le monde.

Comme l'explique dit Richard Samber, le directeur financier de Weight Watcher :

« la raison pour laquelle notre business est un succès, c'est parce que la majorité des clients regagnent le poids perdu ».

Quand on y pense, c'est fou.
Le produit ne marche pas mais les gens le rachètent, encore et toujours.

Parce qu'ils se disent que c'est de leur faute, qu'ils n'ont aucune volonté. Et jamais que c'est la faute du produit lui-même.

Pour vendre un produit, il faut parfois c̶r̶é̶e̶r̶ ̶l̶e̶ ̶p̶r̶o̶b̶l̶è̶m̶e. C̶r̶é̶e̶r̶ ̶l̶e̶ ̶b̶e̶s̶o̶i̶n.

C'est justement le rôle du culte de la minceur, qui est relayé dans tous les média.

Aux états unis, le business du régime représente 66 Milliards de dollars chaque année 🤑.

Par où commencer pour accepter son corps ?

Le problème avec l'acceptation de son corps, c'est qu'on ne sait pas par où commencer. On ne sait même pas si c'est possible.

Mais ça ne doit pas nous empêcher d'essayer.
De commencer.

On a parlé des v̶a̶l̶e̶u̶r̶s, et vraiment je pense qu'il est important de se développer en tant que personne, pour comprendre que non, notre corps ne représente pas 50% de notre personne.

Et en parallèle, faire la paix avec son corps.

Je ne vais pas te dire de lire des phrase du style :

- *« la beauté ça n'est pas un corps, mais une attitude »*
- *« toutes les femmes sont belles, peu importe leur corps »*
- …

Parce que ces phrases, bien que bienveillantes, laissent penser qu'il suffit de le dire pour se trouver belle et oublier tous nos complexes.

Mais en réalité, ça ne marche pas.
La seule chose qu'on se dit c'est : *« en théorie je suis d'accord, mais moi je me trouve toujours moche »*.

Du coup, on pense que c'est impossible d'accepter son corps.

Alors on va faire quelque chose de plus concret et efficace.
Et on va y aller par étape.

Déjà, avant d'~~accepte~~r son corps, on va le respecter.
C'est à dire : arrêter de l'insulter, de le dénigrer, de lui dire des méchancetés.

La négativité n'a jamais fait maigrir de toute façon 😁
Commençons doucement, par là.

1. Le bodypositive

Le bodypositive c'est quoi ?

Le body positive est un mouvement en faveur de l'acceptation et l'appréciation de tous les types de corps humains.

Ça n'est rien d'autre qu'une réponse au culte de la minceur qui dit que mince = bien et gros = mal.

Le bodypositive c'est retirer le jugement sur le corps.
Et considérer que tous les corps sont égaux.

Ça veut dire que peu importe ton corps.
Tu as le droit à de la bienveillance.
Tu as le droit de faire tout ce que tu veux.
Aller à la plage, à la piscine, en soirée.
Tout.

Maintenant qu'on a dit ça.

Je crois qu'il est important de t'entourer sur tes réseaux, de femmes qui ont des corps différents, tout type de corps.

Pour voir de tes propres yeux qu'on peut être heureux et gros. Que tu peux déjà tout faire, que tu peux déjà être bien dans ton corps.

Tu vas comprendre que oui, on peut sincèrement s'aimer, sans vouloir maigrir à tout prix. Et que tu n'as pas besoin d'être mince pour vivre et apprécier ta vie.

Sur Instagram on se fait du mal toute seule.
On ne suit que des mannequins et des fitgirls.
Des filles qui ont un corps hyper mince.

Au départ, on cherchait de l'inspiration.
Mais au final, qu'est-ce que tu ressens quand tu regardes ces filles ? Des émotions positives ou négatives ?

On se culpabilise soi-même.
Et ça ne sert à rien.

La société toute entière te bombarde déjà avec le culte de la minceur et la culture des régimes à longueur de journée.

Au moins sur Instagram, c'est toi qui décide.
Et tu peux commencer dès maintenant à te désabonner des comptes qui te culpabilisent, et t'abonner aux comptes qui te font du bien.

Ça paraît rien, mais ça change beaucoup de choses.

Tu verras des femmes de la vraie vie, et pas juste des femmes qui font du sport 5 jours sur 7. Parce que c'est leur métier ou parce que leur rythme leur permet.

Tu as le pouvoir de créer ton propre environnement.
De choisir de suivre des personnes qui te font te sentir bien quand tu lis leurs posts.

Prends ce pouvoir, il te permettra d'avancer.

2. Le bodyactivisme

Le bodypositive c'est bien.
Mais le bodyactivisme, c'est mieux.

Quand tu te rends compte à quel point la société est injuste pour les gros. Ta vision des choses change.

Tu n'es plus un observateur neutre.
Tu deviens le témoin d'une injustice.

Et ne pas militer contre cette injustice fait presque de toi, un complice. Complice du culte de la minceur, de la culture des régimes, et de l'oppression du corps gros.

Laisse-moi te raconter ma propre histoire.

Pour le mariage d'une amie, je devais choisir une robe.
J'avais déjà une robe en réalité, et que j'aimais beaucoup.
Mais elle me serrait aux bras.

J'avais toujours détesté mes bras. Trop gros, trop mous, trop « pendant ».

Du coup, je me suis dit : *« je ne peux pas montrer mes bras, les gens vont me juger »*.

J'ai passé une journée entière à chercher une robe qui cachait mes bras. Finalement, j'en ai trouvé une.

Mais en rentrant chez moi, je me suis dit :

« j'aime ma robe, c'est ridicule de ne pas la mettre à cause de mes bras. Si je ne la mets pas, ça veut dire que je cautionne le fait qu'on doit cacher le corps gros ».

Je me sentais <u>complice</u>.

De dépenser mon argent et mon temps.
Tout ça pour faire passer le regard des gens AVANT ma personne et mes valeurs.

Alors j'ai décidé de potentiellement déranger le regard des gens. De <u>refuser de participer</u> à la grossophobie ambiante.

Et ça m'a fait un bien fou.

Le jour du mariage, je me suis concentrée sur ce qui comptait vraiment : passer du temps avec les gens que j'aime.

Au final pour « exister » à cet évènement, j'ai dû ~~compter sur moi-même en tant que personne~~. Et pas sur mon apparence.

Et voir que tout s'était bien passé a boosté mon estime de moi. Je pouvais compter sur moi, sur Elyane. Je comptais en tant que personne, peu importe mon apparence.

Si chacun de nous cache le corps gros.
Quel message on envoie aux autres ?
Quel message on envoie à nous-même ?

On envoie le message que le corps gros est moche et doit être caché. Et que la société a raison de stigmatiser les gros. On ne fait pas avancer les choses.

Au mariage, j'ai mis ma robe fièrement.
Comme un acte militant.

C'est ça, le body activisme.

Ça n'est plus seulement être un spectateur.
C'est être un acteur du changement.

Pour soi.
Mais aussi pour les autres.

En faisant ces petits gestes au quotidien, tu inspires les filles autour de toi. Tu les encourages à faire de même.

Imagine.

Si demain tout le monde s'assume ?
Si demain on abolit le culte de la minceur ?
Si demain on abolit les troubles alimentaires ?

Ça sera aussi un peu grâce à toi.

Le body activisme est ta meilleure arme pour apprendre à ~~respecter~~ ton corps. Et l'~~aimer~~ petit à petit.

C'est un acte qui te dépasse.
C'est un acte plus grand que toi.
C'est un acte de générosité.

Parce que c'est un acte qui va rassurer les gens autour de toi.
Et les aider à s'accepter à leur tour.

Ces petites actions du quotidien vont te prouver que ça n'est pas si terrible de montrer ton corps. Qu'en fait, tu n'as rien à cacher ni à te reprocher.

Ton corps est beau et mérite toute la bienveillance du monde.

Personnellement, c'est vraiment là que j'ai guéri de l'hyperphagie. C'est le body activisme qui m'a vraiment aidé à aimer mon corps.

Quand j'ai décidé de ne plus faire parti d'un système grossophobe. Et de militer contre ce système.

Même avec des petites actions, dans ma vie de tous les jours.

Et aujourd'hui, je suis persuadée que je ne ferai plus jamais souffrir mon corps pour une question d'apparence. Je ne contrôlerai plus jamais mon alimentation.

Je suis libre et guérie des troubles alimentaires.
Pour toujours.

Et c'est là que je veux t'emmener.

La permission inconditionnelle de manger

Une permission, sans condition

« je ne comprends pas, l'alimentation intuitive ça n'est pas pour moi, car moi je ne me prive de rien ».

Hum.
Est-ce que tu en es sûre ?

« oui je te dis que je mange de tout, je ne me prive de rien, et je suis encore obsédée par la nourriture, j'ai encore des crises »

Tu sais quoi ?

Ton double maléfique te joue encore des tours.
Et tu vas comprendre pourquoi tout de suite.

Tu t'autorises à manger un KitKat.
Mais est-ce que tu t'autorise à en manger deux d'affilée ?
Ou est-ce que tu te dis : « non, deux KitKat, c'est pas raisonnable ».

Tu t'autorises à manger un burger.
Mais est-ce que tu te dis ensuite : « j'aurais pas dû » ou « demain je mange léger ».

L'équilibre doit venir du corps.
Pas de toi.

Quand tu essaies <u>consciemment</u> de faire attention (dans 99% des cas pour mincir) :

1. tu portes encore trop d'attention à ton ~~physique~~
2. tu ~~diabolises~~ certains aliments

C'est exactement ça qui t'a mené au conflit avec la nourriture.
Et c'est exactement ça qui te garde dans ce conflit.

Je sais, tu te dis : « *mais il n'y a pas de mal à faire attention, à manger équilibré* ».

Quand on n'est pas encore un mangeur intuitif, et qu'on est en conflit avec la nourriture, si.

Et je vais t'expliquer un peu plus en détails pourquoi par la suite.

La permission inconditionnelle, c'est le plus dur

C'est là que la plupart des filles stagnent dans leur chemin vers une alimentation intuitive.

Parce que c'est la partie la plus difficile à passer.
Tu vas tourner en rond entre :

- permission inconditionnelle
- acceptation de ton corps
- recherche de la satisfaction

Et c'est normal.

Maintenant que tu as un peu plus confiance en toi et en ton corps. Tu vas pouvoir introduire des aliments qui te font un peu plus peur.

Si tu sens que c'est encore dur, c'est souvent que tu dois continuer à améliorer le rapport à ton corps.

Si tu n'arrives pas à te donner la permission inconditionnelle de manger.
C'est toujours pour la même raison : <u>la peur de grossir.</u>

Ça veut dire que tu n'as pas encore assez accepté ton corps pour lâcher <u>totalement</u> prise.

Le sport

Le sport est plus que jamais à la mode.

Ces dernier temps, tout le monde se prend pour un sportif de haut niveau. Une fit-girl. Un fit-boy.

Pas étonnant vu la propagande du sport et de la musculation. (business oblige)

En soi, le sport n'est pas mauvais.
Bien au contraire.

Mais.
Quand il devient un mécanisme de contrôle du poids.
Il fait plus de mal que de bien.

Je t'entends déjà dire :

« non mais moi c'est ma passion, j'adore ça, je fais vraiment du sport parce que j'aime et parce que ça me fait du bien et pas du tout parce que ça brûle des calories ».

Je ne compte plus le nombre de filles qui m'ont dit ça.
A croire que tout le monde est champion olympique 😁

Tu sais quoi ?

Il y a un seul moyen de savoir si c'est pas encore ton double maléfique qui te joue un tour. Pour savoir si tu fais du sport uniquement pour le plaisir et pas du tout pour garder ton poids.

Le seul moyen de savoir, c'est d'essayer.

Remplace tes séances de sport par un sport qui n'est pas orienté « dépense de calories ».
Genre, le yoga.

Et vois.
Vois si ton corps t'obsède.
Si tu t'autorises à manger autant qu'avant.
Fais le test sur une assez longue période, jusqu'à en avoir le coeur net.

C'est le seul moyen de savoir.

Parce que bien sur que le sport donne des sensations très agréables.
Que ça fait du bien au corps et à l'esprit.

Le but n'est pas de se priver de sport à vie mais juste de faire un autre sport, <u>le temps de faire la paix avec la nourriture.</u>

Si tu utilises le sport <u>inconsciemment</u> comme mécanisme de contrôle, tu continueras d'être obsédée par la nourriture. Sans jamais comprendre pourquoi.

Et tu diras : « *l'alimentation intuitive, ça ne marche pas pour moi* »

Ton double maléfique est très fourbe.
Il utilisera tous les moyens pour ne pas que tu te débarrasses de lui.

La satisfaction, encore elle

On a déjà parlé de la satisfaction.
On a dit que : Satisfaction = énergie + plaisir.

Aujourd'hui, on va compléter la définition de la satisfaction.
Parce qu'en réalité :

Satisfaction = énergie + plaisir + <u>satiété</u>

Maintenant que la nourriture te fait moins peur.
Tu vas pouvoir commencer à t'intéresser à la satiété.

Toujours en tant qu'observateur.
Et pas en tant que juge.

Si tu ne respectes pas ta satiété, il n'y a rien de grave.
Manger au-delà de sa satiété arrive aussi aux mangeurs intuitifs.

L'alimentation parfaite n'existe pas.

La satisfaction, c'est un peu l'étoile du nord de l'alimentation intuitive. C'est ta boussole. Si tu es perdue, que tu ne sais pas quoi faire : cherche ta satisfaction.

Continue à ré-introduire les aliments qui te font peur.
Toujours en commençant par ceux qui te font le moins peur.

Et cherche la satisfaction.
Quand tu y penses.

Ce qui est bien avec la satisfaction, c'est qu'on ne peut pas « rater ».
Contrairement à la satiété où on se dit : « *mince j'ai mangé plus que ma faim* ».

La satisfaction c'est juste une note.
De 1 à 5 par exemple. Ou A, B, C.
Après avoir mangé, combien es-tu satisfaite ?

4/5 ?
B ?

Voilà, c'est juste une information.
<u>Pas un jugement</u>, pas de bien ou mal.
Pas de réussi ou raté.

Si je devais résumer l'alimentation intuitive en un mot.
Ça serait : <u>satisfaction</u>.

On ne mange plus pour mincir.
On mange pour être satisfaite.

- on a envie d'une bonne pizza au restaurant, parce que c'est <u>satisfaisant</u> d'être avec ses amis.
- on a envie de manger léger avant une séance de sport parce que c'est <u>satisfaisant</u> de se sentir léger pendant le sport
- on mange moins devant la télé, parce que c'est <u>satisfaisant</u> de discuter en famille et d'être attentif aux saveurs d'un bon repas.

On mange pour être satisfaite.
Et ça change tout.

Les émotions

Tu te demandes pourquoi je n'ai pas parlé des émotions jusque-là ?

C'est tout simplement parce que les émotions sont un piège tendu par ton double maléfique.

Ton double maléfique te dit : « *tu es une mangeuse émotionnelle* ».

Pour te détourner du vrai problème N°1 : ton rapport à l'alimentation et au corps.

Car en réalité, tant que ta relation avec la nourriture n'est pas saine.
Il ne sert à rien de t'intéresser aux émotions.

La majorité de tes émotions négatives viennent justement de ton mauvais rapport à la nourriture et ton corps.
Tu y penses tout le temps.

Quand tu te dis : « *je suis grosse, je n'ai aucune volonté* »
Tout ça créé des émotions négatives.

Si tu apprends à gérer tes émotions.
Mais que tu as toujours 10x trop d'émotions négatives liées à ton rapport à la nourriture et ton corps, tu travailles dans le vide.

D'abord, on va virer toutes ces émotions négatives liées à l'alimentation et au corps (80% de tes émotions).

Puis, tu y verras beaucoup plus clair.
Tu pourras t'intéresser aux émotions du quotidien sereinement.

Ça te paraît logique ?

Les émotions du quotidien sont normales.
Etre énervée, frustrée, joyeuse… tout le monde vit ces émotions.

Parfois, après avoir réglé le souci avec l'alimentation et le corps. Les émotions du quotidien ne génèrent même plus de pulsions alimentaires.

Voilà pourquoi je dis que « manger ses émotions » n'est pas un problème. Le problème, c'est avoir une mauvaise relation avec la nourriture et son corps.

Le problème, c'est qu'on ne voit que les émotions du quotidien.

Elles sont visibles.
Elles « déclenchent » les crises.
Mais elles ne sont pas <u>la source</u> des crises.

Un peu comme la mèche d'un pétard.
La mèche déclenche l'explosion du pétard.
Mais c'est la poudre qui est dans le pétard qui est explosive.

Les émotions du quotidien ne sont que la mèche du pétard.
Et la poudre explosive : c'est ton conflit avec la nourriture.

Le concept de « mangeuse émotionnelle » n'existe pas.

Tout simplement parce que tout le monde est un mangeur émotionnel. Même les mangeurs intuitifs ==mangent quand ils sont énervés ou frustrés==.

Seulement eux, ils savent s'arrêter, ça ne part pas en crise.
Parce qu'ils ne sont pas en conflit avec la nourriture.
Et comme ça ne finit pas en crise, ils ne se rendent même pas compte qu'ils mangent leurs émotions.

Quand tu auras fait la paix avec la nourriture.

Tu pourras t'intéresser à tes émotions du quotidien.
Trouver des activités qui t'aident à te changer l'esprit.
Yoga, méditation, danse, sport, lecture etc.

Tu seras capable de comprendre quel besoin se cache derrière ton émotion, et donc de savoir comment combler ce besoin.

Petit à petit, tu vas te détacher de ton habitude de manger à chaque émotion. Et te créer d'autres habitudes.

Ça ne veut pas dire que tu n'utiliseras plus la nourriture pour calmer tes émotions (tout le monde le fait). Mais ça veut dire que tu vas développer d'autres mécanismes d'apaisement et de gestion des émotions.

Tes émotions ne déclencheront plus autant de crises (voir plus aucune). Et tu auras moins de mal à vivre avec tes émotions.

La nutrition

« mais, l'alimentation intuitive va à l'encontre de tous les principes nutritionnels ? »

Pas du tout.

Tous les principes de nutrition ne sont pas des règles de régimes à jeter.

Mais ces principes ne sont utiles que quand on a déjà une relation saine à la nourriture. Et pour beaucoup de personnes, ça n'est pas le cas.

Tant que la relation à la nourriture et au corps n'est pas soignée. On n'est pas capable d'apprécier les principes de nutrition pour améliorer notre bien-être global.

Et au contraire, on utilise ces principes comme des règles de contrôle de l'alimentation pour atteindre un objectif physique.

Par exemple, il est intéressant en effet de savoir que consommer du sucre en excès peut être mauvais pour la santé. <u>Sans pour autant diaboliser le sucre.</u>

Mais pour être capable de réduire le sucre pour les bonnes raisons, il faut d'abord avoir une relation saine avec les aliments sucrés. Comme le chocolat par exemple.

Sinon, cette réduction est perçue comme une privation, surtout qu'elle est toujours liée à un objectif physique (même si notre double maléfique nous dit que c'est pour la santé…).

Dans ce cas, ce principe de nutrition devient une obsession et peut engendrer un conflit alimentaire.

Une mangeuse intuitive est capable de faire preuve de flexibilité <u>naturellement</u>, en écoutant son corps. Et non pas parce qu'elle suit un régime dit « flexible » (type rééquilibrage alimentaire).

Quand une mangeuse intuitive décide si elle veut ou pas manger un cookie pour le pot de départ d'un collègue. Cette décision ne l'obsède pas pendant des heures.

Elle est capable de décider de manger un ou deux cookies pour prendre du plaisir, sans se dire qu'elle a raté son objectif 0 sucre, sans se dire qu'elle doit compenser tout ça le soir même au sport.

Parfois, tu te dis peut-être : « *mais je connais toutes les règles de nutrition, et pourtant je suis incapable de les respecter, je n'ai aucune volonté* ».

Si tu te dis ça, c'est que tu n'es certainement pas encore une mangeuse intuitive.

Ça n'a donc rien à avoir avec ta volonté, tu essaies juste d'appliquer des principes de nutrition, alors que ta relation avec la nourriture n'est pas encore totalement saine.
Ce qui est impossible.

Les différents niveaux de mangeurs

En réalité, il existe différents niveaux de « maturité de mangeurs ».

La diététicienne et psychologue Elynn Satter a théorisé ces niveaux en se basant sur le fonctionnement de la pyramide de Maslow.

Tu connais la pyramide de Maslow ?

Abraham Maslow a classé les besoins humains dans une pyramide.

Chacun d'entre nous se trouve à un étage de la pyramide, et cherche à remplir le besoin de cet étage de la pyramide.

Tant qu'on n'a pas rempli le besoin de notre étage, on n'est pas capable de penser au besoin suivant.

Tout en bas il y a les besoins les plus primaires : manger, boire, dormir, etc…

Et plus on monte, plus il y a des besoins « psychologiques ».

Comme le besoin d'appartenance à un groupe ou l'accomplissement personnel par exemple.

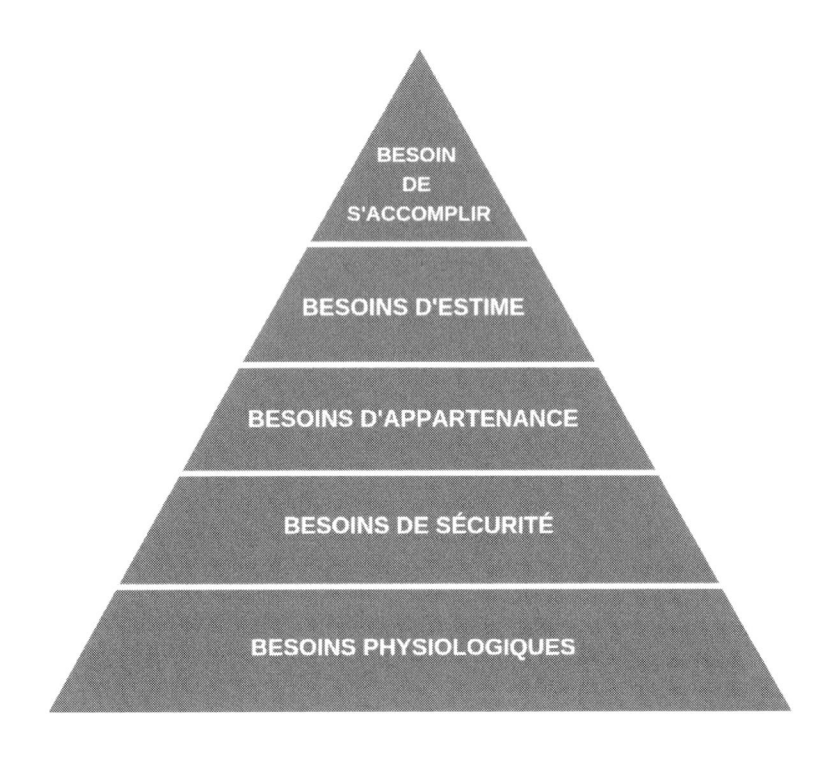

BESOIN DE S'ACCOMPLIR

BESOINS D'ESTIME

BESOINS D'APPARTENANCE

BESOINS DE SÉCURITÉ

BESOINS PHYSIOLOGIQUES

Elynn Satter a appliqué ce modèle à l'alimentation.
Et voici ce que ça donne.

Là aussi, les besoins primaires sont en bas : avoir accès à assez de nourriture et de la nourriture variée.

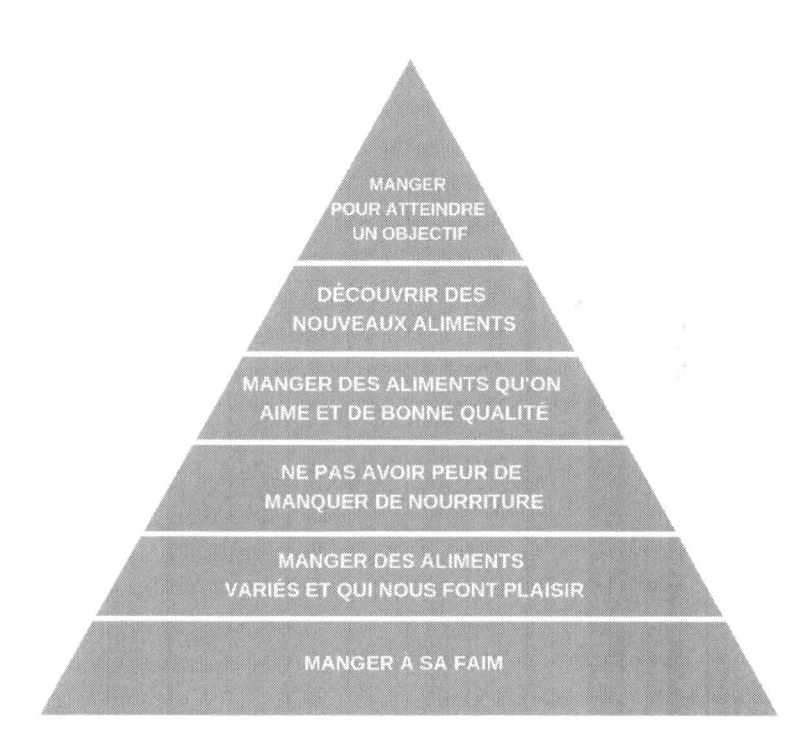

MANGER
POUR ATTEINDRE
UN OBJECTIF

DÉCOUVRIR DES
NOUVEAUX ALIMENTS

MANGER DES ALIMENTS QU'ON
AIME ET DE BONNE QUALITÉ

NE PAS AVOIR PEUR DE
MANQUER DE NOURRITURE

MANGER DES ALIMENTS
VARIÉS ET QUI NOUS FONT PLAISIR

MANGER À SA FAIM

Puis, plus on monte, plus on a des concepts
« psychologiques ».

Comme : ne pas avoir peur de manquer.
Ou : découvrir de nouveaux aliments.

Et enfin, tout en haut, on a les règles nutritionnelles : manger pour atteindre un objectif santé ou physique. Être capable de choisir les aliments en fonction de leurs apports, etc.

Effectivement, une personne qui a du mal à finir les fins de mois ne va pas vraiment se concentrer sur le côté santé des aliments mais plutôt sur leur prix et leur apport énergétique. Cette personne va donc va naturellement se tourner vers du riz plutôt que des avocats bio par exemple.

Mais ce qu'il faut comprendre dans la pyramide de Satter. C'est que ça n'est <u>pas seulement une question d'argent.</u>

Parce que toi, quand tu te prives de certains aliments, tu as exactement le même comportement qu'une personne qui n'a pas les moyens financiers de s'acheter ces aliments.

Tu pourrais croire que tu es tout en haut de la pyramide.
Mais ça n'est pas le cas.

Quand tu te prives de cookie pendant un pot de départ et que tu te mets « socialement » à l'écart. Ton cerveau lui ne sait PAS que c'est pour une raison esthétique. Pareil quand tu t'empêches de manger les aliments que tu aimes.

Voilà pourquoi tu ressens parfois « une peur de manquer ».

Cette peur te semble infondée parce que tu as un Monoprix en bas de chez toi. Donc tu ne comprends pas. Mais ton cerveau, lui, a vraiment peur de manquer. Parce que tu le contrôles, tu le prives de certains aliments.

Voila pourquoi il est inutile de donner des conseils et règles nutritionnelles à des personnes qui n'ont pas un rapport 100% sain à la nourriture.

Car ces personnes ne sont pas capable de les appliquer. Elles ne sont pas au sommet de la pyramide de Satter.

On est tous au sommet de la pyramide à notre naissance (si on a les moyens financiers bien sur). Mais les régimes peuvent nous faire dégringoler la pyramide.

Et le but de l'alimentation intuitive, c'est de grimper la pyramide à nouveau. Marche par marche. De remonter tout en haut, en soignant sa relation avec la nourriture et le corps.

Est-ce que je vais encore avoir des pulsions ?

Je ne sais pas.

L'objectif de l'alimentation intuitive est d'améliorer tes comportements alimentaires. De faire la paix avec la nourriture, de te débarrasser de ton obsession alimentaire.

Il y a de grandes chances pour que tes crises diminuent, et même disparaissent définitivement. C'est ce qui s'est passé pour moi par exemple.

Mais je ne peux pas savoir combien de temps ça prendra. Chaque personne est différente.

Il se peut que tu aies l'impression d'être guérie, et que tu aies à nouveau une crise par exemple. Ce ne sera pas un retour en arrière, juste le signe que le travail d'observation et d'analyse n'est pas terminé.

Ce qui est sûr, c'est que ta relation à l'alimentation va être transformée positivement.

Et une fois que tu auras totalement fait la paix avec la nourriture. Tu te sentiras déjà libre.
Tes pensées ne seront plus occupées par la nourriture.

Et tu auras le temps et l'énergie pour travailler sur d'autres aspects de ta vie.

Comme : mieux comprendre et accepter tes émotions. Développer des nouveaux mécanismes d'apaisement.

Ou encore, te mettre en quête de ton accomplissement personnel.

En découvrant de nouvelles activités.
En développant ta personne 😊

Les études scientifiques

Contrairement à l'anorexie, la boulimie est un trouble lié à la culture des pays développés (culte de la minceur). La boulimie est quasi inexistante dans les cultures éloignées des pays développés.
https://www.ncbi.nlm.nih.gov/pubmed/12956542

Les régimes sont la cause la plus commune dans le développement d'un trouble du comportement alimentaire.
https://www.ncbi.nlm.nih.gov/pmc/articles/PMC4785871/

Faire des régimes entraîne des comportements compulsifs avec la nourriture. En cas de restriction, le cerveau envoie des neurotransmetteurs et des hormones dont la « ghréline » et le neuropeptide Y qui stimulent fortement l'appétit.
https://www.ncbi.nlm.nih.gov/pmc/articles/PMC3107914/

Les régimes et le contrôle malsain du poids augmente le risque d'obésité et de troubles alimentaires dans les 5 ans.
https://jandonline.org/article/S0002-8223(06)00004-6/abstract

Le ralentissement du métabolisme (réduction de l'énergie consommée par le corps) suite à une perte de poids persiste bien après la perte de poids. Favorisant la reprise de poids rapide suite à un régime.
https://www.ncbi.nlm.nih.gov/pubmed/18842775

Une étude menée sur des adolescents montre que ceux qui font des régimes ont 12x plus de chances d'avoir des comportements compulsifs avec la nourriture dans les 2 ans après.
http://pediatrics.aappublications.org/content/112/4/900

Les régimes « flexibles » (type rééquilibrage alimentaire) sont significativement liés à : un contrôle rigide de l'alimentation, une faible capacité à écouter ses signaux naturels, des pulsions alimentaires et un stress autour de la nourriture.
https://www.researchgate.net/publication/312593792_Rigid_dietary_control_flexible_dietary_control_and_intuitive_eating_Evidence_for_their_differential_relationship_to_disordered_eating_and_body_image_concerns

Les personnes en surpoids qui font du sport ont un plus faible taux de mortalité que les personnes minces qui ne font pas de sport. La plupart des problèmes de santé liés au poids (même le diabète de type 2) peuvent être traités sans aucune perte de poids.
https://www.ncbi.nlm.nih.gov/pmc/articles/PMC1681635/

Une étude menée sur 19.000 hommes montre que les personnes obèses qui ont une activité physique régulière (de

type cardio-respiratoire) n'ont pas plus de chances de mourir d'une maladie cardio-vasculaire.
https://www.ncbi.nlm.nih.gov/pubmed/15677798

Une étude menée sur 894 personnes a montré que la perte de poids n'a aucun effet sur la santé des personnes obèses (le taux de mortalité et le risque de maladie cardio-vasculaire ne changent pas).
https://journals.plos.org/plosone/article?id=10.1371/journal.pone.0146889

La dernière étude sur l'addiction au sucre montre que ce phénomène n'existe pas. Le sentiment « d'addiction au sucre » que ressentent certaines personnes correspond à de l'hyperphagie / boulimie.
https://www.ncbi.nlm.nih.gov/pmc/articles/PMC5174153/

Les approches orientées « perte de poids » (type régime et rééquilibrage) ne sont pas efficaces et sont néfastes pour la santé (mentale et physique). Au contraire, l'approche anti-régime améliore la santé physique et mentale.
https://nutritionj.biomedcentral.com/articles/10.1186/1475-2891-10-9

Les mangeurs intuitifs qui sont plus à l'écoute de leurs signaux de faim et de satiété ont moins de restrictions et d'aliments interdits. Dans le même temps, ils ont moins de troubles alimentaires (pulsions ou surconsommation de nourriture pendant les repas).
https://www.researchgate.net/publication/7798925_Size_Acceptance_and_Intuitive_Eating_Improve_Health_for_Obese_Female_Chronic_Dieters

Les mangeurs compulsifs qui remangent leurs « aliments interdits » dans un processus de guérison (avec l'alimentation

intuitive) réduisent considérablement leurs pulsions alimentaires. Ceci montre aussi que l'addiction à la nourriture (dont le sucre) n'existe pas, sinon l'effet serait inverse.
https://www.researchgate.net/publication/49705469_Mindfulness-Based_Eating_Awareness_Training_for_Treating_Binge_Eating_Disorder_The_Conceptual_Foundation

Share the 🖤

Tout d'abord, merci d'avoir lu ce livre en entier.

Ensuite, je voulais te dire que ce livre a pour but d'être partagé.

Alors si tu veux le partager avec ta soeur, ton amie ou même ta maman. Je t'invite à le faire 😊

Parce que plus on sera nombreuses, plus on arrivera à combattre le culte de la minceur et la dictature des régimes que subissent les femmes.

Ah.
J'allais oublier.

Si tu veux me suivre, ça se passe sur Instagram 👉 **Elyane C.** (https://www.instagram.com/elyanec_/)